干と戻と煩悩の
チベット・ネパール・インド絵日記

安樂瑛子

はじめに

「タルチョ」を知っているでしょうか。
タルチョとは経文が印刷された黄、緑、赤、白、青の5色の旗で、それぞれの色は地、水、火、風、空（くう）を表します。チベットの聖地や峠、民家の屋上などに家族の健康や平和を祈って飾られるもので、風にはためくタルチョはチベットの象徴とも言えるものです。
タルチョをよく見ると、びっしり並んだ経文の真ん中には絵が印刷してあります。菩薩などのほか、宝玉を背負った白馬「ルンタ」が描かれたものもあります。ルンタは「風の馬」とも呼ばれるチベットの神獣。風に乗って空を駆け、人々の願いを運ぶのです。

中国の侵攻により亡命を余儀なくされたチベット人たちの祖国への想いはルンタに乗り、隣国のインドやネパールをはじめ、世界中に渡りました。
チベットの首都ラサから、ネパールのカトマンズ、さらに北インドのダラムサラ、ダージリン。この本は、ルンタとチベット人たちに出会う旅の記録です。
過酷なヒマラヤ登山に挑んだわけでも、何カ月も放浪したわけでもありません。チベットと、チベットを取り巻くネパール、インドの文化にも触れながら、1カ国につき1週間の旅を2回ずつ。誰にでも行ける、ガイドとドライバーつきの快適な旅の中で描いた絵日記です。いわばチベット文化圏への旅の入門編と言えるでしょうか。

ぜひこの本を通して、チベット文化の世界を旅してみてください。私が感じたチベットの喜怒哀楽を、一緒に体感していただけたら嬉しいです。

目次

- 2　はじめに & MAP
- 4　コラム①チベットでよく聞く言葉
- 6　チベット基本情報
- 7　2010 チベット―ラサ
- 24　コラム②ソンツェンガンポとチベットの神々
- 26　ネパール基本情報
- 27　2014 ネパール―カトマンドゥ・ポカラ
- 54　コラム③ヒマラヤと高山病
- 55　2014 ネパール―カトマンドゥ
- 72　コラム④チベットとダライ・ラマ
- 73　2015 チベット―ラサ
- 114　インド基本情報
- 115　2015 インド―ダラムサラ
- 148　コラム⑤ヒンドゥー教の神々
- 149　2016 インド―ダージリン
- 190　あとがき

column1
チベットでよく聞く言葉

チベットを旅するとよく耳にする、日本人には全く馴染みのない言葉。これを覚えれば、チベットの旅が10倍楽しくなる！

ゴンパ
一般的にチベット仏教の寺院のこと。僧侶が修行しながら生活する寺院を指す。

マニ車
中に経文を書いた紙が納められた筒状の仏具。1回まわすと経文を1回唱えたことになる。手に持ってまわす携帯型の「マニ・ラコ」、寺院などに備え付けられた「マニ・ラカン」がある。

マラ
数珠のこと。チベットで一般的な数珠は珠が108個ついたもので、お寺では親指と人差し指で一珠ずつしごきながら巡礼する人たちをよく見かける。珠の間に結んで何周したかカウントするためのカウンターもある。素材は石のほか、木や菩提樹の実、ヤクの骨など。

タルチョ
その土地の聖域や寺院、民家などに飾られる5色の旗。黄、緑、赤、白、青の5色で、それぞれ地、水、火、風、空を意味する。仏教では万物を構成する五大元素だと考えられている。

コルラ
巡礼のこと。寺院や聖山の周りをコルラするときは、右回りに回る。

オム・マニ・ペメ・フム
仏教徒がよく唱える観音菩薩のマントラ（真言）。オムは釈迦の言葉、マニは秩序、思いやりを表す宝石、ペメは蓮、フムは秩序と知恵の調和を意味する。

タンカ
仏教の神々や尊格を描いた掛け軸。もともとは仏の教えの伝承、瞑想に使われるもの。

五体投地
両手、両脚、額の五体を地につけることで尊敬と帰依を表す、仏教において最上級の礼拝の方法。額をつけた所に立って五体投地を繰り返し、身の丈の分だけ進みながら巡礼する人もいる。

ヤク
高地に住むウシ科の動物。荷運びのほか、糞は燃料、肉は食用、乳はバター、毛は遊牧民のテントや衣服などの織物に使われる。雄のヤクと雌の牛を交配した「ゾ」はヒマラヤ登山の荷運びにも。

タシタゲ
チベット仏教における八大吉祥紋。寺院や法具などの装飾によく使われる。

 蓮……徳、純潔   無限の紐……永遠の調和

 双魚……開放、解脱   宝瓶……不老不死、清らかさ

 法螺貝……名声、勝利   法輪……仏の教え

 勝利の旗……勝利   宝傘……尊厳、守護

チベット基本情報

首都
ラサ
Lhasa

ビザ
中国は14日間以内の観光なら不要。チベット自治区に入るには入域許可証（パーミット）が必要なので、旅行代理店へ。

言語
中国語とチベット語。
観光客相手の商売をしている人以外にはほぼ英語が通じない。頑張ろう。

通貨・両替
中国元。日本で両替可能。現地では銀行やホテル、出張両替を利用できる。

鉄道・交通
駅、鉄道のトイレは最初は綺麗。紙は補充されないので持参する。ベッドは清潔で食事も美味しい。出発してしばらくすると乗務員が切符を回収しに来る。代わりにカードを渡されるので、降車駅手前で再び交換する。チケットは早めに手配すること。

Wi-Fi
ホテル、観光客向けのレストランにはあり。

停電
ラサは全くなし。

お湯
熱いお湯がたくさん出る。

トイレ紙
ない。現地の人も自分で持っていく。街中の売店にポケットティッシュ型のトイレットペーパーが売っているので買うか、日本から1ロール持参しよう。紙は流さず、そばのごみ箱に捨てる。

その他注意
個人旅行はできないので、必ず旅行代理店でツアーを組むこと。チベット自治区では政治的会話や警官の撮影は禁止。カメラを没収される可能性もあるので注意。パーミット、パスポートは常に持っておくこと。

おすすめ持ち物
高地なので乾燥、日焼け対策グッズは必須。リップクリーム、ハンドクリーム、のど飴、ウェットティッシュ、日焼け止め、マスク、帽子、水筒など。

※私が行った時期、エリアでの実体験から得た情報です。

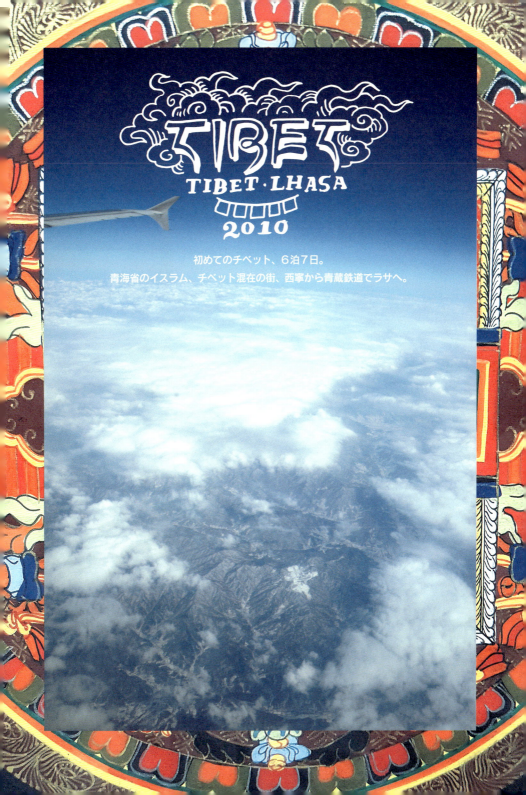

2010.3.18

初のチベット！！！
エア・チャイナで北京を経由して西寧へ。
鉄道で24時間、高所順応をしながら
ラサへ向かう。7日間の旅。

西寧（青海省）

（せいねい/シーニン）

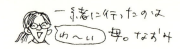
一緒に行ったのは母。なおみ
木村カエラみたいでカワイイのに目が
小怖いCAさん
口も笑ってない
小怖い

北京から2時間ちょいで到着。まっ暗。
ガイドのジョさん、ドライバーの森さんに会ってホテルへ。
4つ星ってほどじゃない…とりあえずチェックインして、ジョさんにごはん連れてってもらう。
すんげぇディープな、大衆食堂。

ペラッペラの
プラスチックのコップ
←プラスチックの
重なるコップ
テーブルに転がってる。

←ヤキトリかと思ったら、
ヒツジ肉をクミンとかで
スパイシーに味つけした
やつだった。
青海省のヒツジ肉は中国1おいしい
らしい。
ほんとおいしい！！

「面腸」
ヒツジの腸に
麺を入れて焼いた
やつ。
おいしいけど、こっちのがだんぜん
おいしい

「私はあまり好きじゃないです」
といいながら、笑顔で
すすめてくるジョさん。

ヒゲ面のおじさんが
注いでくれるお茶。
しょっぱい？甘み？もある
不思議な味。

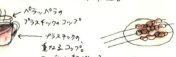
まちがっておじさんに
「こんにちは！！」って元気に
アイサツ。
「ハァ？」って顔される。
恥！！

うどんみたいな太めん。
じゃんじゃん麺？
ちょい辛でおいしい。
パクチーも入ってるし。

乾いたニンニク、放置。
4,5年モノとかある。

中国の人はなんか気になったらガン見。
日本人みたいにえーよとか、ナシ。

中国人ばっかりの、西寧行きの機内。
ひとり金髪の西洋人を見つけて、なんか
ホッとする。
日本人と似た風なのに中身が
とんでもなくちがう中国人は、なんだか
ショッキングっていうか…。
中国人に囲まれるより、見た目も思いっ
きりちがう西洋人の方が落ちつく。
中身もきっと、近いんだと思う。
近いのに遠く感じる、中国。
私たちが西洋文化に慣れてるから？

並ぶどんでサーッと
ふきっと下に落としつ
皿にゴミを入れる

で、柱んとこにある
でっかい金ダライに
入れて、そのまま。

かっこいい

イスラムの人が始めたお店なので、アルコール、
ブタ肉はない。
お客さんも明らかに中国顔じゃない、イスラムの
人がチラホラ。
中国の西に来たー！！
さすがはシルクロードの南ルート。西寧。

8 2010 TIBET

3.19 塔尔寺〈タール寺〉

ホテルを出て、
西宁市の湟中にある、チベット仏教のお寺。別名「クンブム」

マニ車を回すときは
嗡嘛呢叭咪吽
おん マ ニ ぺ メ フン
と、となえる。

こうろうの　ころうの　マニ車　山にタルチョ

ぜんぶ見たー！！！！

なぜか最終的につながる三つあみ
つなへん？かわいい

物乞いの、まっ黒に焼けたおばさん

チベット仏教のお坊さん

足はなぜかスニーカーorブーツ

五体投地中の人。
時々休みながらお祈りしている。
多い人では1日で2000回するらしい。ホントかよー
ブランケットで下半身ぐるぐる巻きの人もいる

ぶ厚いブランケット

------ かき忘れコーナー ------

回族の人たち

白い帽子をかぶった、回族の人たち。（4スリム）
西宁にはたくさんの回族がいて、毎日市内のモスクに礼拝にやってくる。

礼拝の時間になるとこの帽子の人たちが一斉に集まってくる。

礼拝の時間は、回族の人以外はモスクの敷地にも入れない。

女の人
黒いヘッドかぶる
→既婚者

礼拝の時にじゅうたんを持ってる。

ふつうに歩道だけど…

唐突に土やかべに寝ころんで読書。

2010 チベット　9

西寧駅ちがくの スーパー「本站百貨超市」

ソーセージ。
牛肉王って…

ジャスミンが
くるまれたガム
レモングラスで
息さわやか～

メンソス
小さいお菓子
いろいろ

カップめん
牛肉面王って…

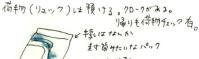
荷物（リュック）は預ける。クロークがある。
帰りも荷物チェック有。
←実はなんか
ますぶみたいなパック
に入ったりする。

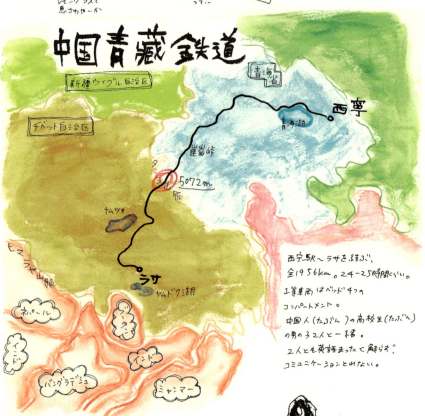

中国青藏鉄道

新疆ウイグル自治区
青海省
チベット自治区
青海湖
西寧
崑崙峠
5072m
ナムツォ
ヒマラヤ山脈
ラサ
ヤムドク湖
ネパール
ブータン
インド
バングラデシュ
ミャンマー

西寧駅～ラサを結ぶ、
全1956km。24-25時間くらい。
工等車両はベッド4つの
コンパートメント。
中国人（たぶん）の高校生（たぶん）
の男の子2人と一緒。
2人とも英語まったく解らず、
コミュニケーションとれない。

パスポートのチェックが2回、
チベットに行く目的も聞かれる。
荷物チェックも厳重だったし、
セキュリティがなかなか厳しい。
チベット自治区に外国人が入るのって
大変なんだなーと。
トイレはわりとキレイ（最初は）。

着がえもできず、頭も痛く
なってきてしんどい。
とりあえずコンタクトと
メイク落として、頭痛に
なったら寝るようにする。
しんどいので、食堂車は
行けなかった…。
ホコリのせいで鼻がつまる。
ほじくりたい!!

途中1つだけ、
仏っぽい絵が
描いてある岩を発見。
誰が見るってわけでも
なさそうな場所だけど、
これに祈ったりするのかな？

10 2010 TIBET

窓の外の風景はなんか絶望しそうな高原。
雨期(夏)なら草もはえてて気持ちいいんだろうけど、乾期は土と砂と岩とほこりの世界。空もあんまり青くないですけど"…

〜予想してた風景〜

時々見える川は、だいたい凍っている。
たまに水が流れてる川もあって、うす〜いエメラルド色をしてる。
石でつくった家みたいのが建っていて、
ヤクや羊を放牧してる。
どうやって暮らすんだろう こんな所で…。

タルチョがかかっている

時々タルチョを見かける

夜、暗くなるのが遅い。
9時近くなってやっとうす暗くなってくる。
朝 明るくなるのも遅い。
9時すぎてやっと朝らしい明るさになってきた。

規則した…。

1人1台ずつテレビがある。
「Mr.&Mrs.スミス」がやってる。
アンジェリーナ・ジョリーがいい。

アンジェリーナ ジョリーのくちびる

中国語のうっとうしい歌がずっと流れててやかうるさい…

まるで何もない荒野に突然駅がある。いかつい警官が立っている。
こんな所で降りる人いるのか…。
4000m〜5000mくらいの所にくると、頭痛が激しくなってくる。
痛いとなんとな〜く眠くなって、そのまま寝る。
それをくり返し、やっと深く眠れた。
朝7：25に起床。まだ暗い。しばらくするとだんだん明るくなっていくのを見て、また少し寝る。
高山病と戦いながら、25時間かけて、ラサに到着した。

明後日行くナムツォって5000mだから…もう嫌だなそんな高い所…
あ〜ちょっと帰りたいな〜。帰って家でソバとか食べ、こたつで眠ってる夢だった。
もう中国ないいい…やっぱりハワイとかに行きたい。昨日のタル手でチベット
文化には満足しちゃったし。あ〜早く帰りたくなってきた。

拉萨
Lhasa
3.20

ラサの駅はでっかい。
山っていうか、荒野の中に、いきなり建っている。
いろんな所に軍の人がいる。
写真もうかつに撮れない。

「カタ」
ガイドのエニさんが、白い歓迎の杯をかけてくれる。

お家にもあったやつかな？
エニさんがくれた、これまた
ヤクのヨーグルト。
(酸牛奶) 高山病のくすり

晩ごはん
ホテル近くの食堂に、2人で行く。

しょっぱくない!!
ジャスミン茶。

小さい水ギョーザ60コ。
白菜としいたけギョーザ。
ギョーザをゆでた汁つき。
しょうゆ、ラー油、黒酢たらしておいしい!!

西寧のムスリム食堂

当時の西寧駅。今は改装されて物凄く大きくなっている

タール寺のマニ車

真冬の青蔵鉄道からの風景。違う星に来たような絶景が何時間も続く

3、てい　　　　ポタラ宮殿

ポタラ宮広場は、工事中。
ヤクの肉から
バターが売っている

チベット旅行の本文〜!!

マニ車をまわす人が
いっぱい!!

みつあみにいろんな色の
糸をあみこんで、
頭にまきつけた人がタタい。

ポタラ宮はソンツェンガンポが、長安から来た妻
文成公主のために建てた。
ネパールから来た妻には、少し小さい
宮殿を建てた。
こっちはもう一片しか残っていない。

もう建物のどこもかしこも装飾!!
マンダラの空間 = 悟りの空間そのものを表している。

→ 火炎 → さとりがいほので、周りに火炎
→ 三重輪 → 結界
→ 蓮
正方形
↓
インドの砂漠で着ていた袈裟を
広げて座った。

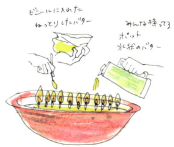

仏像の前には必ずバターの
灯燈。
みんなバターを入れていく。

マンダラのED!!
これを結びながら歩いてたら
知らないおばあちゃんが
話しかけてきた。
うれしかったのかな？
同じ印を結んで、うんうんって
笑ってた。

おさいせん入れる所は
あるけど、みんなテキトー。
おつり取ってもいいらしい!!

おひるごはん

ヤク肉と青とうがらしの
炒めもの。
ヤクうまい!!
カレで？

ツゥドーフ
（湯ドーフ）

辛くなくしてもらった
マーボードウフ。

なんかおいしい
トウモロコシと
パプリカ

米。久しぶり!!

キクラゲと
しいたけと
きゅうりスープ。
あっさり。

2010 チベット　13

セラ・ゴンパ 色拉寺

チベット仏教では、上へ上へ行きたがる、上にあこがれる考えがある。
だから、山の上にお寺があったり、お寺の中も急な階段で上へ上へ向かうようになっている。
巡礼の人たちが、バターを持って列をつくっている。
なぜか わりこみさせてもらって、馬頭観音を見学。

← ねんどで仏像作ってる人がいた。
← 麻ヒモ
言葉しゃべれないお尺さんが、身ぶり手ぶりで「これは仏像を作ってるんだよ」って教えてくれる。

ガン見
途中、知らない赤ちゃんに大人みたいに肩をたたかれ、振り返ったら指をつかまれる。

← 尼さんも。
うまく描けた。
この人はず——っとここで五体投地してる。
ナンみたいなパンを食べてる。

その後、ジョカンを囲むようにできたバザール「バルコル」へ。
ここは巡礼コースでもあるのでコレらへん人がいっぱい。
かつて、ダライ・ラマのデートコースだった!!

ジョカン 大昭寺

初 五体投地!!

ここが五体投地の目的地。
ラサとは本来ココのこと!!

前の広場には五体投地する人、マニ車をまわす人がいっぱい。
若い、高校生ぐらいの男の子のお坊さんも、熱心に祈っている。

夕食は昨日と同じギョーザ!!
おいしい。

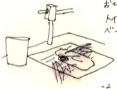
おひるゴハンを食べた所のトイレ。
ベーシックな中国式(和式)トイレ?
紙は流さず、横のゴミ箱に入れる
流してたらなぜか水がこっちに向かって飛んできて、ものすごく危険。

ガイドの郭(エン)さんは、私がチベット好きで絵を描いてると知るとすっごい喜んでくれた。
エンさんも、ガイドの仕事がない閑散期は仏を彫ってお店に売っている。
仏関係の観光の生まれかわりだの何だのってほめきちって、娘みたいに写真も撮りまくり、可愛がってくれる。

せまいながらも楽しい我が家!!

時々サングラスのレンズがタトれちゃう

ようやく来ることができたポタラ宮殿

参拝に来たチベタンがバターランプにバターをくべる

太陽光を利用した湯沸かし器。高地ならではの道具

ジョカン前で五体投地をする人々

3.22

ナムツォ

岩だらけの山々がずーーっと続く。

海抜4700mにある三大聖湖のひとつ。土塩水三湖。
ラサからは250〜300kmくらい??
途中、速度制限のある道がいくつかあって、1分でもズレると罰金!!
時間調整のためにしょっちゅう止まる。

ニェンチェンタンクラ山脈!!! 7700m!!
チベット高原を南北に分ける山脈。
主峰はまじでちびりそうに大きかった。

とにかく風景が広すぎる!!
しょっちゅう公安に止められて、コウさんとエンさんがパスポートを持って外に出ていく。
すいません。ありがとうございます。

もんのごっい量のタルチョ!!!
風にビャービャー吹かれてる。

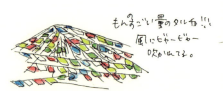

途中、小さい村っていうか集落の中の食堂で昼ごはん。

ラサから100kmくらいの所で五体投地をしてた人たち。
おばあちゃん、おじいちゃんと、少し若い人。
荷物を引きながら、ジャカン目指してひたすら五体投地で進んでいる。
少しだけお金を払って撮影させてもらう。
並んで五体投地してみたら、私たちに合わせて軽くしてくれる。
お祈り中なのに、いいのかな。
無事にジョカンまで行けることを祈ってます。
事故にあわないように。

お店のカワイイお姉さん、正装の役人なのにヒマでうろうろしてる2人串ると記念撮影を。
チベットの人気歌手のヘンなPVが流れてる。『我的性格』って…

← 店のまん中のかまど。
この中に火がある。
燃料は、ヤクのふん。

バター茶
油っぽいミルクティー?

みんな使ってるホーローっぽいポット。
だんだんかわいく思えてきた。
バター茶はプーアル茶と塩もバターもミキサーにかける。

ドライバーのコウさんの持ってたタンブラーがかっこいい。
お茶じゃなくてなぜかお湯。

じゃがいもとヤク肉のカレー風がけごはん。
ネギがのってる。
ジャガイモがおいしい。

ヤクのスープがかかったソーキそばみたいな麺。
これにもネギが入ってて
スープがおいしい。

16 2010 TIBET

ヤクがいっぱい。
たまに道路まで来てるのもいる。
2ショット写真撮りたくて
近づいたら逃げられた…
このへんは乾いた短い
草がポツポツ生えてる
だけ。
他の地域にいるヤクを連れてくると、
食べられる草が少なくて死んでしまう。
こんな草ばっかだから、ヤクの肉は
油っこくなくてパサついてんのかな？

岩山にハシゴがいっぱい描いてある。
死者の冥福、祈りをこめたもの。
上へ行けるように？

㊋ 穴だけドアなしトイレ
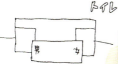
外観。
ココはなぜか有料。
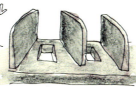
※は穴の下にたまる。
誰もいないなりゃこっちの方が
ラクかも？
お尻スースーする。

公安にいる警官は
若くてやる気のない
兄ちゃんばっかりで
4カッこ。
そのくせいばってるし

ごはん食べつつ
歌いつつ、ウロウロ。
目が合ったので会釈したら
ニヤッて笑った。

ナムツォ 納木錯
ナムツォはまだガッツリ凍っていて、
馬で上まで行ける。
氷を持って、漢土族のお兄さんと2ショット。

この近くにテント張って住んでる
遊牧民の女の子。
1元札をあげると「キャー！！」って
喜んで走っていく。

遊牧民の子供がいっぱい、続いて親が集まってくる。
小さい子供がたくさんいる。この環境で子供を産んで育てて
いる。
チベットの遊牧民の暮らしは貧しく、さみしいもの。

みんなガムをかんでいるのは、無口になって口さみしいから。
女の子が少ない所では一夫多妻ならぬ一妻多夫にならざるをえない。
遊牧民のテント　女は子供を産んで、子孫を残していく。
チベットの遊牧民の女の子は12〜13才、男の子は15〜16才で結婚する。
女の子は子供を産んで10年くらいで死んでしまうこともある。
男が先に亡くなった場合、女の再婚は許されない。

2010 チベット　17

ヤクとニェンチェンタンラ山脈。主峰は7162m

凍りついた真冬のナムツォ

ヤクの肉を挟んだハンバーガーのようなもの

カレー風かけごはん

ナムツォ近くの荒野に住む遊牧民の家族

チャクポ・リの摩崖石刻。無数の仏が彫られている

2010 チベット 19

山の上のほうで
鳥葬をやっていた。

山の上の小さい小屋に
2～3年こもって修行
したりする。

チベットのお葬式

チベットの主なお葬式

| 水葬 | 鳥葬 | 土葬 | 火葬 | 塔葬 |

↓ 正常になくなった人（幸）
↓ 事故、病死、死刑者死など。悩みが体に残ってる。不衛生なので生きものに食べさせられない。一番イヤな方法。
↓ お坊さん
体には仏舎利が残っている。灰はねんまにまぜてツァツァにする。

お坊さんを呼んで魂を解脱させる。
体がやわらかいうちに安座させて、背中に竹を刺して固定。

鳥) 夜、体を切り開いて内臓を取りだす。
石をかかえさせて、日光にさらすは麦とまぜる。
1つの鳥葬ごとにつき15～20体。
骨も石でくだいて麦とまぜて食べさせる。残ったらもやす。
線香をたいて、ハゲタカを呼びよせる。

水) 石をかかえさせて、同じように肉を切って
川に入れる。顔の皮をはがす。首を切って大麦とまぜる。
鳥葬師、水葬師に気持ち（お金）をわたし、日数を
決める。女性は厄日（仏滅）を避ける。

「どこから来て、どこへ行くのか？」　　魂が出た体は、悪くなった着物。
↓
チベット的に言えば
「来た所から来て、行く所へ行く」　　　生まれかわる

水から生まれたら、水に戻る→魚へ　　→最後の「お布施」
空から生まれたら、空に戻る→鳥へ

チャクポ・リ薬王山　　3.23

ココは他のお寺みたいに「人を救う」お寺ではなく、自分が救われる、
いや自分を救うために行くってイメージ？

お香のニオイがすごい…

すごい数のタルチョ!!!
囲まれちゃう。

タルチョを売る人がいっぱい。
タルチョに願いごとを書いて、
山の上にかざってもらう。

チャクポリを出て、ラサ空港へ向かう。63kmの道のり。
左手にはラサツが流れている。キレイなエメラルド色。この川でも水葬が行われている。

おかずごはん
ビーフンとヤク肉、パクチー、ネギの麺。アッサリしててぉいしい。

みんなが食べてたパンに、ヤク肉のひき肉をはさんだチベットのハンバーガー。超おいしい!!!

拉薩啤酒
Lhasa BEER
BEER FROM THE ROOF OF THE WORLD
チベットビール。アルコールはひさしぶり。すごくうす口で飲みやすい。

ラサ空港でエンさん、コウさんと別れる。
何もわからない、言葉も通じず、高山病もあってとにかく大変なイメージだったチベット。
ただチベットタンカが見たい、チベット仏教の世界が見たいと思って来た。
知識の乏しい私に、熱心にたくさんのことを教えてくれたエンさん。
なんかもう娘のように可愛がり、ひたすら「絵、がんばって!!」と言ってくれた。
エンさんがガイドしてくれなかったら、こんなに有意義で頭をかち割られるような
刺激の嵐の旅はできなかった。
エンさんありがとう。
空港で2人ともめそめそと泣く。

川がいっぱい見える。あと山。
さよならチベット!!!
泣く。

成都
あっという間に到着。
名古屋的な都会。

いきなりこんな所来て、アタマ混乱す。ビルのうしろに山がない!!
つーか鼻痛くない!! 湿気があるっていうか雨降ってる!!
体もラク!! 酸素いーっぱい吸える!!!

高土地から低地に来ると頭がクラクラしたり「低山病」になる人もいるらしい…

マックからサブウェイがある!! スタバ!! 道すげー混んでる!! でっかい高層マンションいっぱい!! デパートある!! もう日本に?帰ってきたみたい…

ホテルからの風景は、完全に都会。
昨日まであんなに乾いてて山ばかり
で異国だったラサにいたのに、
なんか夢だったみたい。

ホテルの部屋にはヒマワリの種が落ちてた。
4つ星ホテルなのに本当に?
ラサに帰りたーい!!!

2010 チベット 21

四川航空 3.24

なんでか知らんがめっちゃ揺れる。
でもCAさんがみんなチャイナ服に着がえててカワイイ。
でも、もうこの中華料理のニオイむり…
+ 揺れで、けっこうしんどかった。

チャイナ服いいわ～!!!

AIR CHINA

なんでか知らんけどまたヒコーキ揺れる…

さよなら中国！さよなら大陸！！

恐竜へアのCAさん
なぜかツッコでピン。

つけまつげ長すぎ

ラサ空港は小さい。外にはる少ぼこりと山々。今日も強烈な日差し。
もうすぐチベットを発ってしまう。次、いつ来れるかわからない。
巡礼者の祈りの声、家引きの声、マニ車を回す人、五体投地をする人、お寺、バターのにおい、
お香のにおい、強い日差し、青い空、砂ぼこり…　全部自分の体で体感してきた。
確かに自分はチベットに居た、という実感が、頭に焼きついている。
東京に戻り、また忙しい日々が始まった時、この実感はどうなるんだろう？
チベットの山、エミさんの声、人々の顔。
毎日のあたり前の生活の中で、だんだん忘れていってしまうかもしれない。
過去のぼんやりした記憶になって、夢みたいに現実感のないものになってしまうかもしれない。
それを止めることは難しい。
ただチベットを忘れないために、自分ができることは、絵を描くこと。
チベットで得たものが絵に現れて、今までとはちがう絵が描けた時、
またチベットを実感できるんじゃないかな。と思う。
仏に祈りを捧げる人たちが、救われますように。

22 2010 TIBET

五体投地でラサを目指す家族のお父さん。交代で荷物を積んだリヤカーを引きながら、何日もかけてここまでやってきた

column2
ソンツェンガンポとチベットの神々

日本の神様と似ているけどなんだか違う、チベット仏教寺院で出会う神仏たち。仏画や仏像に表現される神々や聖人、伝説と事実が混ざりあうチベットの歴史を少しだけご紹介。

ソンツェンガンポと二人の妻

チベットの歴史上で最も有名な王といえば、ソンツェンガンポ（Sron btsen sgam po）。7世紀、チベットの全部族を征服し、国を統一した「吐蕃（とばん）」の国王。当時の中国、唐から文成公主（ぶんせいこうしゅ）を妻に迎え、唐の優れた文化をチベットにもたらした。またネパールからもティツン妃を降嫁させた。この二人の妻がそれぞれの国から仏教を伝えたことがチベット仏教の始まりとされている。ティツン妃が寺院の建立に最適な土地を文成公主に尋ねたところ、文成公主は占いにより「チベットには羅刹女（らせつにょ）という巨大な魔女が横たわっている。12の寺院を建てて魔女の体を押さえつけなければならない」と告げる。

ソンツェンガンポと両妃は魔女の心臓にあたる部分にラモチェ（小昭寺）ジョカン（大昭寺）を建立し、両肩、両手足にあたる土地にもそれぞれ寺院を建てて魔女を鎮めたという。

チベットの神と聖人

パドマサンバヴァ　Padma Sambhava

北インドの密教行者。当時の王によりチベットに招かれ、チベット密教を制定、チベット最初の僧院、サムイェゴンパを建立した。チベットでは「グル リンポチェ」とも呼ばれる。

ツォンカパ　Thong Khapa
ダライ・ラマ法王擁するチベット仏教ゲルク派の創始者。黄色の帽子はゲルク派独特のもの。

ミラレパ　Mira Las pa
ヨーガ行者で詩人。右手を耳に当てて目に見えないものの声を聴き、仏法の歌をうたう。イラクサの葉だけを食べ続けたせいで体が緑色になったという。

ヤマ　Yama
三つ目の水牛の頭を持つ。最初の人間であり最初の死者、冥界＝地獄の王（閻魔）とされる。人面で描かれる場合もあり、守護するものが異なる。名前の似ている「ヤマーンタカ（ヴァジュラバイラヴァ）」は「ヤマを征服する者」とされる神。

カーラチャクラ　Kalachakra
カーラ（時間）チャクラ（輪）、時間のサイクルを表す仏。明妃ヴィッシュヴァマーターを抱く。
男女の神が交わる様子はチベットでよく描かれるもので、父母仏（ぶもぶつ/Yab yum）と呼ばれる。慈悲（男性神）と智慧（女性神）の合一による悟りを表している。

ターラー　Tara
観音菩薩の瞳から放たれた光明（または涙）から生まれた女神。「輪廻の海を渡るのを助ける女性」という意味。21人おり、緑ターラーと白ターラーが一般的。

ネパール基本情報

首都
カトマンドゥ
Kathmandu

ビザ
マルチプルエントリーで15日、30日、90日がある。大使館のホームページからダウンロードした書類を東京、または大阪の大使館窓口に提出する。東京の大使館のみ、郵送での申請、受け取りが可能。カトマンドゥの空港でアライバルビザ申請も可能だが、混雑しているので日本で取得した方が無難。

言語
英語を話せる人がほとんど。日本語を話せる人も多い。

通貨・両替
ネパールルピーは現地でのみ両替可能。空港や銀行のほか、カトマンドゥのタメル地区には両替屋がたくさんあるので便利。ホテルや小さなゲストハウスでも両替ができる。

鉄道・交通
鉄道はないので移動は飛行機、バス、タクシーなど。山がちなので飛行機は場所によっては欠航が多い。陸路も土砂崩れや事故で渋滞することも。時間に余裕をもって移動すること。タクシーはメーター制でもボってくることがあるので最初に交渉すること。

Wi-Fi
カトマンドゥ、ポカラにはたくさんある。ホテルやカフェなど。

停電
旅行当時、カトマンドゥは計画停電で一日のうち数時間は電気が来ず、旅行者はヘッドライト必携。ホテルの客室にも必ず蝋燭が常備されていたが、2016年10月以降、計画停電は行われていない。

トイレ紙
ほぼなし。ホテルにはある。ネパールのトイレには水道と手桶が置いてあり、現地人は紙でふくのではなく手で洗う。

お湯
電力が安定しないので、湯沸かし器でなければ出ないことも多い。時間で決まっているホテルもあるがあまりあてにならない。フロントに確認すること。それでも出ないときはあきらめる。

その他注意
カトマンドゥではバンダ（ストライキ）がよくあるので、もし出くわしたら離れること。それ以外は概ね平和で治安も良い。2015年の震災の影響で倒壊した寺院や閉店した店もあるので、旅行会社や現地のツーリストインフォメーションで情報収集を。

おすすめ持ち物
カトマンドゥは車が多く、空気も悪く埃っぽいのでマスク、のど飴、ウェットティッシュなど。

※私が行った時期、エリアでの実体験から得た情報です。

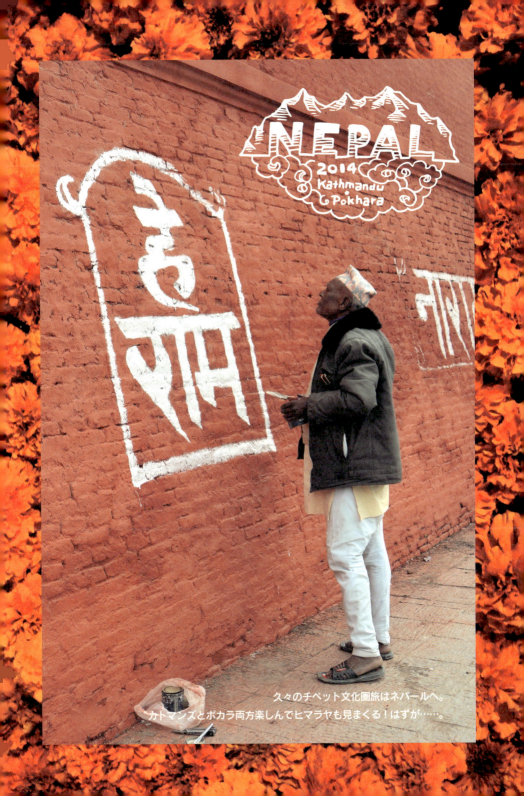

2014.2.25(火) 出発

 中国南方航空 で 広州へ。

 離陸して2人目に入ったトイレが すでにこの状態。流せよ!!! 中国人の団体客のしわざ。

 トランジット

 一緒に行ったのは また男、尚美。NAOMI!!!

広州空港 Guanzhou Airport

気温23℃。むしあつい。
湿気ってタタ"!!
くもってるけど、南国だー

外にはヤシの木
・ラサ 広州 東京

チベット行く時トランジットだった北京空港の
職員は英語もかよず、感じ悪かったけど、
広州の人はウロウロしてたら「カトマンドゥ?」
と声をかけてくれて、手続きもスムーズ!!!
英語もOK!! なぜだ。

トレッキングしそうな格好の人がいっぱい。
ネパールだから、やっぱ。
昔は日本人が大勢ネパル行ってたらしいけど、
今は中国人が多いらしい。
みんなトレッキングするのかな。

中国の空港で働く人は
お客さんの前で平気でキーキー
しゃべるし、てきとうな所で
休憩しまくる。

インド人(ネパール人?)も
中国人もゲップがすごい。
音量がすっごい。

ヒスイのアクセサリー、仏像、
葉が混在する店の
一角に突然
バ○ブが!!!

コン○ーム、ロ○ョンも。
「滑」とかいてある。

空港にバ○って…。
しかもネオンカラーの4色展開…。
あとなんかやけに長いやつ…。
(肌色)

PM 19=10 CZ7031
いよいよカトマンドゥへ!!

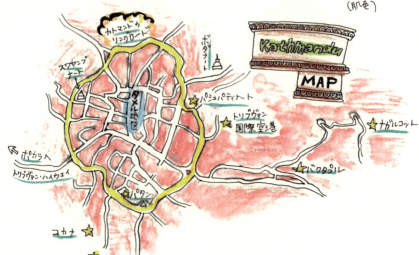

28 2014 NEPAL①

カトマンドゥ
Kathmandu
Tribhuvan International Airport
22:10PM

ようやくネパールだー!!!
なんか空気がちがう!気持ちいい!!!

バスで建物までイク。
日本語わかるネパール人が
けっこういる。

ガイドさん

シェルパ・ゲルブさん
シェルパ族。トレッキングガイドが
本職。

うわ リアル!!
でもイメトーてない。

フリー犬
いっぱいいる。

早速ホテルへ。
まっくらでよく見えないけど、
なんかものすごい。
ホコリっぽくてボロッボロの
街並みがうっすら見えて、中国や
チベットとはちがう(どちらかというとエジプトが
近い)、あー なんか初めてのタイプの海外だ。
すごい、すごいぞ!!

ここ首都だよな??

停電でもホテルは
自家発電だから
大丈夫、と聞いてたけど、ちょくちょく電気が消える。
ゲルブさんのBlack Diamondsのヘッドライトを
お借りする。
12時すぎたら停電も終わった。

ドライバーさん

ユジタさん(22) 若くて
すごい男前。
タマン族。
シャイで一緒に
ゴハン食べて
くれないの。

パラダイスツアーズ

HOTEL MOON LIGHT (P) LTD.
Paknajol, Thamel, Kathmandu, Nepal

2.26 (水)

ナマステ

なぜか軍服。
荷物運んで
くれた。

そうじの
おばさん

ホテルの人 みんな
感じがいい。
笑顔でアイサツ
してくれる。

バルコニーに出てみると…

真下に小さなストゥーパ
(仏塔)が3つ。
お寺?
ストゥーパを囲む鈴を
ならして歩く人。

チリン
チリン

しかし「ナマステ」ってアイサツする国に
来てるってのがなんかおもしろい。
本当にナマステって言うんだね。

ボダナートへ!!
Boudhanath

カトマンドゥといえばコレ!!
ネパール最大のストゥーパ(仏塔)、ボダナート。

このストゥーパは、いつどうやって作られた
のか分かっていない。

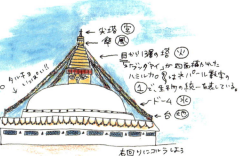

←尖塔 空
←傘 風
←目が13層の塔 火
"ブランダアイ"が四面描かれた
ハミルカの君はネパール教学の
①で 生き物の統一を表している。
←ドーム 水
←台 地

タルチョウ
いっぱい

右回りにコレラしよう

2014 ネパール① 29

チベット的見解　近くに住んでいた貧しい
女性が王様に頼んで建ててもらった。
牛皮一枚持ってきて「このサイズで良いので」と言ったら王様は皮を何枚も
つなぎ合わせたサイズのを建ててくれた。

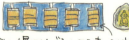
数珠持った
お坊さん尼さんがいる。
いっぱい!!

ヒンドゥー的見解　雨乞いのいけにえ（人間）の首をまつって建てられたもの。

街中に突然ゲートがあって、奥にど〜ん!!とそびえている。
エジプトのピラミッドもそうだったけど、街からいきなりこのでっかい建造物が現れる、って日本では
ありえない。すごい。

外の堀にはぐるっとマニ車。この中も全部仏様
が描いてある。マニ車の間の黒い穴には、
金色の仏様が!!

サフラン1袋5ルピー〜
たらいに入れると、ストゥーパの
艶ピモヨウんとこに
使われる。

モヨウのつけ方。
ワイルド。

ロサル目前と
いうことで
かつぎが高っている。
あぁ…ロサルの前日に
カトマンドゥを発つ私たち…

ロサル（チベットの正月）
に食べる
かりんとうみたいな。

パシュパティナートへ!!!
Pashupatinath

ボダナートから車ですぐ。
ネパール最大のヒンドゥー教寺院。

今度は牛がうろうろ。

ちげぇインドっぽい!!
まぁネパールだけど!!

おそなえに使う、
オレンジの花輪

さっき　　いま

宗教がちがえば
いる人もちがう。
パシュパティナートは
破壊の神シヴァの
寺院。

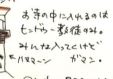

お寺の中に入れるのは
ヒンドゥー教徒のみ。
みんな入ってくけど
ハヌマーン　ガマン。

中に見えるのはシヴァの
乗り物「ナンディ」＝牡牛の尻。
金色かででっかい。

サルも
いる。

角を持つ
シヴァは金の鹿
になってこの土地でくらしていた
ので、「ムルガスタリ」
＝鹿のすみか　とも呼ばれ
る。
「パシュパティ」は
金の鹿という
意味。

明日2/27は**シヴァラトリー**
シヴァの誕生日のおまつり。
中に入れないくらいの人が来るそう。
今日もその準備のかざりつけをしていた。

パシュパティナートの火葬場
急に開けて煙がたちこめて、別世界のよう。
川沿いに火葬台がいくつも置かれ、次々に焼いては流し焼いては流し、している。

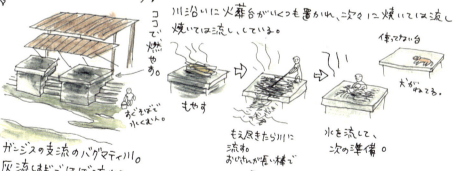

ガンジスの支流のバグマティ川。
灰流しすぎでほぼ流れてない状態。

薪がかりのワラみたいなのを運びながら、笑顔で鼻をほじる。

遺体が直接見えるわけでもないし、煙から異臭を感じることもなく、目の前で火葬が行われているリアリティーが全然ない。
燃え尽きて流される遺灰は細かくて、人間だったとは思えない。
でも近くに遺族が居て、燃えるのを静かに見守っている。
ヒンドゥー教徒は輪廻転生を信じて墓を作らない人が多い。
身内が死んだら悲しい。それはどこの世界でも同じ。
でもここでは宗教によって、死はずーっと身近なものになっている。
昔は少し残ってる状態で流していたそう。対岸ではカレーのたきだしをやっていた。

2014 ネパール① 31

ボダナートのストゥーパの周りには建物がびっしり

近くのお寺では、若い僧侶が師匠の声に合わせて読経していた

ストゥーパに供えられたバターランプ

ヒンドゥー寺院、パシュパティナート。明日はシヴァ神の祭り

パシュパティナートの火葬場、アルエガート。遺体はどんどん運ばれてくる

明日の祭りのために集まっていたサドゥー

2014 ネパール① 33

村の中のトイレを使用。
女子トイレに入ろうとしたら、中でおじいちゃんとおばあちゃんが
カレーを食べていた。
で、私を見るなり男子トイレのカギをあけて「こっちを使え！」と
指さす。終わったらチップを要求。10ルピー。
トイレでカレーって…ギャグなの？それが夢…？？？

バクタプル bhaktapur

ネワールの都のひとつ。「リトル・ブッダ」が撮影された。
街並全体が400年前に建てられたお寺、王宮、住居でうめつくされ、
赤茶色。木とレンガの街。タイムスリップしたみたい。

バクタプルの名物おやつ
ヨーヨーとし王様のヨーグルト。
ズーズーダウ！！

素焼きの小さな器に入ったヨーグルト。
まったりしてて、甘すぎずおいしい！！

バクタプルの
パショパティナート寺院に
彫られていた、動物のカーマスートラ。

うし／らくだ／かめ／いぬ
これはなぁ？／後ろ向きに？／かなよ、ヒトと／あーあー。
正解は3連動物／さぐりさぐり？／一緒だから／まふつう
　　　　　　　　　　　　　　どうやって起きるのかな？／だなぁ。

となりは
何も書かれてなかったけど
たぶんコレもそうでしょ。
笑ってるもんね。

うまれた〜！！
おつ産みかた！！
逆子だね。

自分で脚ふさえてるママ

屋根を支えてる方杖
「トゥンダール」に
エロ彫刻が！！

ここなんかエロいのが
多いぞ！！
カーマスートラ欲しく
なっちゃった。
日本の四十八手と
見比べたい。

カーマストラは(戦争とかで)人口が減った
時に子供を増やすために作られたセックス指南書。
古代ネパールも少子化問題があったんだねぇ。

スタスタ…！タタクを語ろうとせざるまるゲルブさん

タンカ SCHOOL

← 本物の石から作った
顔料！！ギャ〜

バクタプル内のタンカの学校。作業が終わってからはギャラリーとして
開放している。

やー現地で描かれた本物のタンカはやっぱりちがうな〜。
この店の一番の高額商品は Lama師匠の
History。250万！！いくらでも安い。
Buddha's　もっと高くした方がいいぞ！！

同じLama師匠の
白ターラー！！
もーうっとり。

先に風景だけ描いてある。
本尊は下描きのみ。

2014 ネパール① 35

ネパールの弦楽器、サーランギ。木彫りでかわいい。コレの小さいのを売るおじさんも。ネパールの有名な曲「レッサムフィリリ」を弾いてた。

2階の窓から身をのりだすごい美しい女の子がこっち見てる。さっきから見てる周りの神様にそっくりだ。子供は神様に似てるのか〜。

カトマンズで見たもの！！と、聞いたこと！！

ネパールで食べられる肉
→
・水牛（ヒンドゥー的に牛はダメだけど）
・ヤク（この2つはいいっぽい）
・とり（よく食べた）
・ブタ（ネパールのぶたは脂が多いらしい）
・ヤギ（お目にかかりませんでした）

青木さやかに似の女子。

全身黒の制服の女子学生。中学生かな？タイツもはいてる。リュックは自前。楽そう。

制服ズボン出てるだけ。

「トピ」という帽子
←ネパール男子といえばこの帽子！！なんでみんなコレなの？いつから？？
ただ立ってる人多し。

お兄ちゃんと弟。お兄ちゃんがしっかり手をつかむ。

←超初期のケータイとiPhoneケースが大量に売ってる店

ナガルコットへ！！Nagarkot

ギャムゾさんに教えてもらった、ヒマラヤ山脈ビュースポット。2100mの丘の上へ！！
カトマンズから東へ約35km。　（日本じゃ山だけどネパールでは丘！）
何もない山道をぐねぐね登っていく。（ちょい酔）

今夜の宿、Top of the Nagarkot Resort
HOTEL VIEW POINT

まぁ〜なんてかわいいホテル！！
べんがらっぽい赤＋レンガづくりの外観。

我が部屋のバルコニー。
きゃーすてき〜！！！！

トイレ後は水でお尻を洗うのでシャワーがついてる。湯わかし器。

窓も多くて、こぢんまりしてるけどステキなおへや！！石造りでさむいけど毛布もおいてあるよ。

ネパールって便座ちょっと高いかも。あと便座と便器がぐらぐらで、フタにちょっとはさまれるタイプだった。ここは。あとトイレットペーパーが前じゃなくて後ろの壁についてるから、リレーでバトン受けとるみたいにして取るかんじ。

湯わかし器なので、停電したけどお湯は出ます。（チョロチョロ）でも寒いし出が良くないので、ボディーだけ洗って退避。洗面所は水のみ。

2/27 (木)

AM 5:45 出発!! 朝日とヒマラヤを拝みに丘の上へ!!!
くもってるけどね!!

車で30分弱、階段をすこし登って、ナガルコットタワー(展望台)へ。
地元民(っぽく見える人)がいっぱい。
まぁでも観光客かな。若い人。

←タルチョいいぜ〜

うーん朝日は見えたけど(ほんのちょっとだけ)、
あぁ残念。ヒマラヤ見れず!!!

ミルクティーを売るおじさん。
ガスでわかしたミルクティーを、ペラペラの
プラカップに入れてくれる。
マサラの効いてない、優しい
ミルクティー。

ポカラへ移動!!!
Pokhara

ポカラへは、カトマンドゥから
西へ200km。
車で5〜6時間くらい。
標高800mから8000mの
ヒマラヤを拝める、山のリゾート地。
ここに一番行きたかったのさ〜!!!

移動中の休憩
男2人はダルバートをモリモリ食ってたが、
満腹と車酔いの女2人はグァバジュース。
スッキリしててうまい!!
メーカーは「HABAA」チャバー?

その前に立ち寄ったのは

バンディプル
Bandipur

ちょっとポカラ寄りの所にある古い街。
元はマガール族が暮らす村だったが、
18世紀のゴルカ王カトマンズ侵攻から逃がれて
きたネワール族が商業都市を築いた。

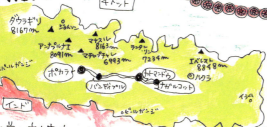

→テラスで西洋人が読書。

ネワールの周辺がどうのかは
じゃないけど、古き良き街
ってかんじ。
すごく古いアンティークな建物
と、それに調和するとした
新しい建物、植物も花も
いっぱいで美しいメイン
ストリート!!!

川沿いの高台の食堂。
対岸にはNcellのカンバンと
ロープウェー。
ながめが気持ちよいところ!!
ネパール語を喋るオウムが!!
グルグさんがみかんも買って
くれる。
オウムにも一房あげていた。

速報 ティッシュがなかったので ネパール式
に手&水でおしっこ後流しました。
ついに攻略しました!!!

1階はカフェ、2階はゲストハウスになってる
所が多い。あ〜なんて美しい通りなんだ!!!
良い!!良すぎ!!!

もんのすごく建物が古い。でも大切に、キレイに、
直すところは直して使っている。
もちろん人も住んでいる。

2014 ネパール① 37

ネパールのカレー定食、ダルバート

バクタプルの陶工広場。大きなろくろがたくさんある

ネパールの子供の顔は神様に似ている

バクタプルで偶然遭遇した仮面舞踏

ナガルコットの展望台へ。周辺には茶屋が並ぶ

Pokhara 到着!!
Mum's Garden Resort

今夜のホテルは…

ちょっと迷子になってケータイで聞いたり通りすがりの人に聞いたりして到着。レイクサイドの大きな通りから3分ほど歩いたところにある、静かで心地よい宿。花とみどりがいっぱいの敷地内に石造りの棟が建っていて、その分リゾート感がある。いや～ステキ!!! もうこれでいいかたけど二次もココで!!!

2/28 (金)

日本山妙法寺
world peace pagoda

〈日本人が建てた日蓮宗のお寺。世界の色々な所に同じ名前で建っている。〉

← ダウラギリ 8167m
アンナプルナサウス 7219m
見えないけどアンナプルナI 8091m
マチャプチャレ 699m
↑ フェワ湖 ↑
アンナプルナIV 7525m
→ マナスル 8163m

雲の切れ間からヒマラヤが!!!
ダウラギリ、アンナプルナサウス、マチャプチャレ、アンナプルナIVをとらえた。
う～んスゴイ!!! ありきたりだけどスケールでかすぎ!!!
ここけっこう離れてるのにこんなにデカく、ごっそり見えるなんて。ゲルブさんも「近く見えるけど、行くと遠いんですよね」と言っていた。そうだろうな～。それだけでっかいんだね。

チベット村
Tashiling Tibetan Refugee Camp

丘をおりて、チベット難民の集まるチベット村へ。が明後日はチベット暦の元日、ロサル。ロサル休みってことで、仕事をしている人はいなかった。空っぽのじゅうたんの工房を勝手に見学。

ヤク!!

← ネパールでよく車の後部座席に敷いてある、同じ柄が3つ並んだじゅうたん。ザブトンみたいな。こうやって作ってたんだね。

ちゃんと図面がかいてある。3mm×3mmくらいのマスで描かれている。これをお手本に一本一本織っていくんだ…ひぇ～

そう!!

横にはダライ・ラマ法王の写真。
手を合わせずにはいられない。
一日も早く平和が訪れて、法王が
チベットに戻れる日が来ますように。
長生きしてくれますように。

売店の横のカベに貼ってあった、チベットの焼身自殺者の
顔写真。もう100人を超えている。写真を見ると、お坊さん、
おじいちゃん、おばあちゃん、20才くらいの今風で若い人まで。
中国に侵略されているチベットの現状をどうにかするために
命を捨てたのか。これ以外の方法が見つからなかった
んだろうとは思うけど、こんな大勢、こんな若者まで。
自分に火を放つことでチベットの自由を訴えたのか。
「このやり方は良くない。自分が終わってしまうだけど、国は
変わらない。」とゲルブさん。その通りだ。それが悲しい。
中国語でも説明が書いてあったけど、これを見た中国人
はどう思うんだろう。情報を制限された自分の国の状況を
少しでも知ろうと思ってくれたらいいんだけど。

オールドバザール
Prano Bazar

滝からポカラの街を一気に北上し、400年前の建物
が多く残るオールドバザール・旧市街へ。

古ーいトタン屋根と、レンガと、時が
経ちすぎてツルツルスベスベな土と、風化した
ような、グレーがかった木の家が並ぶ
茶色い街。

すごい古ぼけては
いるけど、窓枠の
木組みフレームは
すごい細かくて
すてき。

一階部分がむき出しの
ろうかみたいになっている。
カベと土ベタが
一体化した土。
うーん、いい味だ。
ココでのんびり座ったりしてみたい。

なんかタイムスリップしたみたい。フツーに
みんなが生活感丸出しなのに、建物は
現実感がない。遺跡みたい。

ドライフラワー化
した葉っぱと、モンドリアーナなオレンジ色の花が
軒先にかざってある。

街中にあった小さな寺院。
四方をヘビが囲んでいて、
角で結ばれてるの。ヘビが。

バクタプルで見た貯金箱
やその他陶器の店。

店先の棚用。上の段はトピー帽がたくさん。
下はなぜか突然カラフルな毛糸がみっちり。
店の人いない。いいのか。

やっぱりみんな何年かに一度は屋根の
メンテナンスをするのか、トタン板屋さんが
何年かあった。
棚にいろんな種類のトタンが並んでて
おもしろい。

←彫金のアクセサリー屋もたくさん。
店先に職人さんが並んでトンカン
やっている。チベットっぽいのもあるけど
ネイティブアメリカンが作るインディアン
ジュエリーみたいなのもある。

ビンドゥバシニ寺院
Bindyabasini Mandir

オールドバザールのすぐ近くのお寺。
ポカラで1番大きいヒンドゥー寺院と聞いたけど、けっこう小さい。

「殺戮の神ドゥルガー、繁栄神ヴィシュヌ、女性に人気のクリシュナを祀る寺院だけど、他の神様もちらほら。

ドゥルガー像の前では毎朝 生けにえとしてニワトリやヤギを捧げるらしい。
でも〜ヒンドゥーはなんでそんなに生き物を殺すの〜!?

← これは…サラスヴァティー??
ギター持ってる…。

オラオラ

(想像図)

← ガネーシャ、ぽく見えるけどもうわからん!!
何より市が小布すぎ!!!
ヒンドゥーは面白いけど怖いゾ。
「ヒンドゥー教徒が生き物を殺して捧げることを神様が喜ぶ」と思っていることは、理解できない。」
とグルさんも言ってたけど、ホントになんでこうなったんだろ…。
殺しまくりのヒンドゥーから、殺生NGの仏教が生まれたってのが信じられない。どこで180°変わったのかな?

← ネズミはガネーシャのヴァーハナ(=神様の乗り物)。
ガネーシャはネズミを片足ずつローラースケートのようにはいて、走るのだ!!

さてレイクサイドのオシャレレストラン(Mike's Restaurant)でお昼!!!

チキンソテーとじゃがいもを炒めたのキャベツとブロッコリーとカリフラワーの温野菜

パン×2
ミルクティー

パクチーのったごはんととり肉、紫キャベツ、たまねぎ、にんじん、トマトから何から何まで炒めたの。すごいおいしい。けど量が2人分くらいある。

メニューにはメキシカンもある。
有機野菜のみ料理。
すごい美味しい!!!
ただ、ハエがとんでもない数いる。
湖のそばだから?ゴハンにもミルクティーにも自分にももわ〜っと。だんだんもう気にならなくなってきてかまわず食べる。
2-3匹くらいは食べたな。

フェワ湖で手こぎボート
Phewa Tal

ごはん後はボートでフェワ湖の島へ!!

ネワール族の船頭さん→
けっこう小さくて、ぐらぐら。うぅ…

1人だからボートをシェアさせてくれと声をかけてきた、文君ちゃん from 中国。
もちろんOKです。

文君ちゃん

英語の先生をやってるらしい。

天気も良くて、山も見えて、湖もキレイで気持ちいい!!
10〜15分くらいで到着。

2014 ネパール① 41

バラヒ寺院
Barahi Mandir

フェワ湖のもっさりした島に建つ、小さなヒンドゥー寺院。

なんかサイケな寺…。
ここも毎週生けにえやるらしい。
ゲルブさん「殺さなければキレイな所ですよねえ」
ほんとにねえ。

木まで赤。

さて街に戻り、ボート乗り場近くのフレッシュジュース屋さんへ。

このマシーン欲しい♡。
毎日メンテナンスするから大変なのよ。とのこと。

友君ちゃん、ここでお別れ。
インド→ネパール→チベットと旅を続けていくそうだ。
こんだけ英語ができりゃねえ…。

インド人のお母さんの営むジューススタンド。機械を回すと、フルーツのジュースが出てくる。

スイカ パイン

⑩ スイカ ⑫ 謎 パイナップルをオーダー。
いろんなフルーツをしぼってるそのままの機械だから、結局MIXフルーツジュースになっている。
子供がプラスチックのケースに乗ってる〜4人ギャーギャーあそんでいる。まっ黒でかわいいが、騒ぎすぎるとお母さんがナイフをつきつけて怒る。一度は奥に引っこむけど、また出てきてキャーキャー遊ぶ。

もも　ぶどう

ポカラのレイクサイドにはお土産物屋、ツーリスト向けのカフェ、レストランがいっぱい!!!

みかん　うり　ざくろ

ネパールならではの柄を刺繍したTシャツの店。
すごいかわいい。イラストと刺繍する服を持ちこめば、店先のミシンで刺繍してくれる。
Tシャツじゃなくて他の服にやってもらいたい!!
けどいいのがなくて、次回に持ち越し。
一枚くらい買っても良かったな〜。

ネパールのフェアトレード団体のショールーム。
染色、織り、縫製までをネパール女性がやっている。

ざっくりした織りのトートバッグ

イエティのぬいぐるみ！かわいい！

日本人観光客がいっぱい。
日本のフェアトレードショップでも扱ってるみたい。
丈夫で長く使えそうな物が多い。少し高いけど。

42　2014 NEPAL①

3軒に1軒はコレ!!
コピーのアウトドアウェアがごっそり売ってる。
よーく見ると...
THE NORTH FACE ←ロゴが刺繍じゃなくてプリントがかかってる。
WATER PROOF ←ウォータープルーフを主張
ダウン多し。
"ゴアテックス"のタグも堂々とコピー。

Cの後のRがないアークテリクス
ARCTERYX
シューズは本物もあるかも?

ネパールの人も、コピーのNORTH FACE着てる人いっぱい。
トレッキングに来た西洋人は手ぶらでポカラまで来て、コピーのアウトドアウェアで一式揃えてから山に出発する人も多い。性能もなかなか良いらしい。ほしくなってきたぞ...今さら...

フツーの服屋と混ざってるなどは、クルタ姿のおばあちゃんがARCTERYX売ってたりするミスマッチ!!

基本的にはクオリティ高い物が多く、よーく見ないとコピーとは分からない。コレが一着500ルピーとか1000ルピーで売ってる。多いのはNORTH FACE、MAMMUT、ARC'TERYXか。

実際に買ってる西洋人のおじさん
このやり方頭いいよなー

動物の人形が入ったバッグ
お花もりもりポーチ
ポカラ名物、フェルトグッズ。
なぜか、動物の顔モノが多い。カラフルもこもこでかわいい!!!

あんまチベットっぽくないのも混ざってるけど。
木彫りのマスク、マニ車、仏像、数珠、謎の置き物、アクセサリー、等なんでも。すごい量!!

コピー商品屋がいっぱいある中にいきなり正規店が!!!
いいのか?中で働いてる人はどう思ってるのか!カオスにも程があるだろうが!!!

ネパール紙売り00ランプ
ポストカード
置型。
ネパールの手すき紙・ロクタ紙を使ったポストカード、ノート、ランプシェード。

パラグライダー、ウルトラライトプレーン、ホース、トレッキング、ラフティング。
その他いろいろアクティビティを楽しみたい方はこちら!!

電信柱
雨が降ってきて、店の軒先で雨やどり。
霧が切れて、突然マチャプチャレが顔を出した。すごい迫力。
街中からこんなにドドーンと見えるとは!!!
デカい!!近い!!神々しい!!ネパールでは山が神様なの、わかる。

マチャプチャレはポカラから見ると、スイスのマッターホルンみたいに鋭くてかっこいい。
でも横から見るとこう二股になっていて、魚のしっぽのように見えるのだ!!

→ 「マチャプチャレ」はまさに「魚の尾」という意味なのだ!!
マチャプチャレにちなんで、ポカラには「FISHTAIL BOOK SHOP」とか「FISHTAIL CAFE」とかって名前の店がいっぱいなのだ!!

2014 ネパール① 43

ジェネラルストア

- Carlsbergの広告が多い。なぜか。
- 吊り物がかぶせて物が不明
- ジュース類、急にプリングルス、RedBull、忽…
- ブラ下がってるのは袋がつながったままのスナック菓子
- お菓子類、ドラッグストア系、いろいろごちゃごちゃ
- 梅酒つけるみたいなポリ容器に一袋売りアメ玉。ホールズとか。
- わっぜぇ横であるコーラのビン
- 土ばこに水
- トイレットペーパー

中華料理屋、韓国料理屋、日本食屋もいっぱいある。風の旅行社もある。いろんな国の人が住んでいて、商売をやっている。

Wi-fi Freeの看板がいっぱい。日本より充実してる。旅行者が多いからだろうな。スバラシー！

たぶん店内のカベは全て棚月。お菓子、ドリンク、乾麺ぽいの、スパイス、いろーんな物を詰めこんである。

こういう店がいっぱいあるけど…もはやどの店でも一緒でしょ。

このアメの袋がめっちゃ落ちてるんだこれが…。

両替屋とATMはいたる所にある。こまめに両替しなきゃいかんので、とても便利。
カトマンドゥはJPY 9:50 だったのが
ポカラはJPY 9:15
統一して欲しいわー。

ネパール最後の夜

レイクサイドにある、民族舞踊の見られるレストランへ。

ヒマラヤの絵が描いてあるステージで、ネパールの伝統舞踊。グルン族のおどり、タマン族のおどり、色々。男のダンサーも出てきて、ケンカのような動きがあったり、泣いたり、ストーリーがあるようだ。

衣装は、いろんな所に布がついてて面白い。ぐるぐるひろがって、着て踊ってみたくなぁ…。

44 2014 NEPAL①

3/1 (土)

ネパール最終日です。
まずは朝5:30にホテルを出て、サランコットの丘へ！！！

サランコットはレイクサイドから北西に30分弱。
昨日ヒマラヤを見た日本山妙法寺とは、
フェワ湖の対岸に位置している。
ヒマラヤにさらに近く、これまた絶景スポット
として有名みたい。
眼下には川 (Seti Gandaki川?) と、
川に沿って並ぶ家々。
その奥に いくつかの低山。これだけで、
なんだか感動的な風景だった。私にとっては。
朝もやなのか霧なのか雲なのか、白くてまだ
うす暗さの残る大地で、今日も人々が一日の
始まりを迎えている、って考えると、なんか
愛しいやら途方もないやらで泣けてきそうだ。
何なんだ。
しかしその向こうにあるハズのヒマラヤは全く見えず。
どうなってんだよオカオカシー！

すこしだけ見えた
太陽。空が飲みこまれていくみたいだ。もやもやと柔らかい光が
山を照らして、これもすごく幻想的だ。

1時間近く、雲が流れるのを待った。大きな雲が
流れていって 少し空間ができると、ダウラギリ、
アンナプルナ、マチャプチャレの一部が顔を出した。
あの雪をまとったゴツゴツの岩肌はどこまで続いて
いくんだろう。と、ピークは想像よりずっと上に
あって、今見えてるのは足元なんだろうな。
それでも感じる大きさ、奥行き。
山も空も、どんだけ大きいんだ、ヒマラヤ。

丘の上には小さな祠堂があって、1人の
バンジーが守っているようだった。

こんな所で1人で守やって、
ああ 途方もない。
途方もないよう…。

シヴァのレリーフの顔。

かろうじて住宅っぽさを保っているエリアを抜けて
山が増えてくる。
ポカラを出て3時間くらい。ここでお昼休憩。

カトマンドゥへ！！

と、ホテルから出ると…

出たすぐの所で道路工事！！
おい今やんのかよ！！
一本道なのでココ通るしかない。

しかしネパールの工事現場で
見かける重機はぜんぶ
日本のKOMATSU製で
あった。すごいぞコマツ！！

ここ道だよね…？
何か爆破した
わけじゃないよね…？？

KOMATSU！！
リスペクトを表してロゴを書きました。
道路工事とはいってもコンクリではなく、
土の道を人間が掘り掘りペタペタして
作業する。
少し待つとブルドーザーみたいのが来て、
ボッコボコになった山盛りの道を前後に
走ってならしてくれて、どうにか通過。
あらかじめ知らせるとか夜中やるとか、ナシ。
作業している人も作業員ぽくなくて、フツーに
私服で やっている。近所の子供も出てきて、
現場をウロウロ。今更ながら、ゆる。

ネパールはやっぱり、
ミルクティーがうまい！！！
普通のミルクティーで、スパイスが
入ってたりはしないんだけど、
ミルクも砂糖もちょうどいい量で
ほっとする。
そしてガラスのコップにたっぷり出して
くれる。本当にほっとするのだ。

2014 ネパール① 45

美しいバンディプルの街並み

雨上がりのポカラのレイクサイド。マチャプチャレ6993mがはっきり見えた

早朝のサランコットの展望台。少しだけ見える山肌と雲が空間の大きさを感じさせる

ここまでおよそ半分。
順調に行けばあと2〜3時間で
カトマンドゥに到着予定。その後の
スケジュールは…

① タメル地区を散策!!
ビール、チベット暦カレンダー
その他 買い物祭り再び。
わー!! たのしみ!! ギャー

② 萌の希望により超高級
ホテル「ドゥワリカ」(ネワール古い調度品を使った超ステキなホテル!!ギャー!!)のレストラン、「クリシュナルパン」でのディナー。
ラストは豪華コース料理!!

空港へ!!

この後まさかの展開に。
続く。

ちょっと渋滞発生してるらしい、
と聞き、早めに出発。
雨と霧で秘境なムードの深い
山あいの一本道をひたすら走る。
途切れず民家や工場があって
人がいる。
こんな所で、あち途方もない…。
(センチメンタルになっています)

―――― しばらく走ったら渋滞にはまってしまった。 ――――

渋滞する中で見たもの

なんか掘る道具だったけコレ。
↓ 砂の山がいくつもあって、コレがいくつも重ねてる。
近くでレンガを作る工場も見つけたから、素材の土を作ってるんだろうか。

川でラフティングしてる。
この天気で!!
やってみたい!!
激流でやりたい!!

土手の広い所でいきなり祭りが!!!
観覧車の半分折れて傾いたやつ (でかい) が
2つ、他にも乗り物が動いてんのか重ねてんのか
不明なのがいくつか。どうやら遊園地 (の跡地?)
みたい。そこにテントがいくつも出て、音楽が鳴って、
人がいっぱい集まって、なんじゃこりゃー!!!??
な、なんだあの尋常じゃない観覧車は…。
スーパーカルチャーショックです!!
タイミング悪く渋滞が動いてて写真とれなかった…

ペラペラのビニールの旗がいろんな所に。
ピンク、青、黄、赤、黄緑。すごく安っぽいけど
雰囲気出てておもしろい。
最近あんま見ないけど、練馬とかによくあった
中古の車売ってるとこの、安っぽいかざりつけを
思い出した。
風車とか
落ちついて考えてみよう。

花みたいのとか。

正常な観覧車 / 半分取れました。 / 傾いてしまいました。
しかもサビサビで今にも崩れそうなんだぜ!!

やっぱおかしいぞ…。祭り自体はいいにして、
この観覧車の状態は何なんだ。そして、
どうしてココで突然祭りをやるのか。もしかして
コレ、こういう形の乗り物なのかしら。
ゲルプさんに聞くと、「あーなんかイベント
やってますね!」ラフティングもイベントの一環
らしい。みんな楽そうだ。この暗い雨の中で。
まじでココのインパクトは半端じゃなかった。
死ぬまで忘れないと思う。
やっぱネパール面白いわ。

後できくと、この観覧車みたいのはこういう乗り物らしい…。

2014 ネパール① 47

車道から祭り方向へ向かう、赤いサリーの美女集団。全員タスキをかけている。何者？コンパニオン??

すごい美人がちょくちょくいる。このエリアはインド系の人が多いんだろうか。

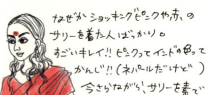
なぜかショッキングピンクや赤のサリーを着た人ばっかり。すごいキレイ!!ピンクってインドの色ってかんじ!!(ネパールだけど)
今さらながら、サリーを素で着てる人がいる国に来たんだなぁ。「ナマステ」と「サリー」のパンチはすごい。異国!!!

車が動かなすぎて、車の間を犬がうろうろしてくる。バカにしてるな!!

びしょぬれ……。

途中の集落で渋滞っぷりを眺めていた母娘。この娘がとんでもない美人で、もうこのままミス・ユニバースで一位になれるだろってくらいのすごい美しさ。こんな所にすごい逸材が!!!一緒に車に乗せてカトマンドゥのモデル学校に連行したいくらいだ!!あるか知らんけど!!

渋滞の原因は道路工事と雨。またそれか!!!
工事で土を掘ってやわらかくなった所に大雨が降ってぬかるんで、車がはまって動けなくなってるらしい。山の一本道で…なんてこったー。

こんな僻地(失礼)にも集落があって、人が生活している。さっきからそればっかだけど、それが面白い。
あんまり忙しそうじゃない。2階の窓から外を眺めたり、店番したり、洗濯したり、水をくんだり。シンプルと言ったらありきたりだけど、余計なものをそぎ落とした無垢な生活をしているように見える。
インフラが整ってなくて物が無い暮らしだからこそで、大変なんだろうけど、目の当たりにするとなんか心揺さぶられてしまう。チベットでも感じたこと。切ない。らしく。(センチです)

ニワトリも犬もアヒルも人もみんな一緒。

あんまり動かないので、ちょくちょく車を出て渋滞の先を見に行くゲルロさん。電話しまくり、あせっている。でも戻ってくる時「食べてくださーい!!」とバナナを買ってきてくれる。優しい。

しかし2人とも電話めっちゃかかってくる。この渋滞で色々忙しくなってる、ぽい。

なんとなく聞きとったネパール語

ネパールって果物売ってる所が多い。果物食べることの大切さを実感した。

ジュースよりまるごとみかん!!大切!!

・「ハロー」＝「もしもし」 フツーだね。
・「アジョル」＝「ない」 ガイドブックにのってた「ない」＝「ホイナ」とはちがうのかな？
・「ラ」＝「OK」 ララララとくりかえしていた。

日本の渋滞は少しずつ動くけど、ネパールの渋滞は一度止まると30分はピクリとも動かない。最悪1時間、まったく動かない。

かなり使いこんだがんじょうペットボトルを持って水をくみに来た男の子。みんな雨でもへっちゃら!

近くの水場に持って行ってすすぎ。当然お湯は出ない。洗濯も大変だ。雨の中全裸でやってて、すごい。そして雨の中すす!!

クルタ姿のでっかいお母さんが大股ひらいて店の前で洗濯。スポンジを使って、ぶ厚いデニムみたいも思いっきりゴシゴシ。すごい泡まみれ。ちなみに店は小さなキオスクサイズのカメラ用品店。こんな所にこんな人が!!

このへんの住民と、車から降りてきた人が渋滞の先を見ている。みんなビーサンとか、スニーカーでもビショビショになっても気にしないかんじ。傘をさしてる人も少なくて、みんな上着もぬれまくり。

車動かなすぎて、洗たくの最初から最後まで全部見れちゃった。

こんな所に超おめかししたむすめ発見。メイクもバッチリ、スキニージーンズ(流行ってるらしい)にこのグチャグチャ道にモール。どこに行くんだろう。

しかしそろそろ時間が心配になってきた。タメル地区とクリシュナルパン、どっちも行く時間はなくなってきたぞ…。

突然のジャグリング女子。クラブを3つ持って、「さぁ始まるよ!!」って瞬間。友達っぽい女の子2人が見ていた。

こういう所から何かamazonとか注文してもちゃんと届くのかなぁ…。

インドの自動車メーカー、「TATA」のダウトラがたくさん!!

しかしトイレ行きたい……

トラックのお尻(もしくはフロント)になぜかメッセージが。一番多いのが
"SEE YOU" "Horn please!!" "Speed Control"

"Wait for Signal"

渋滞でても見てて全然飽きない。爆音でインドミュージック流してたりして面白い。

道は一応二車線として使ってる、ぽいけど、(土だから線はないけど)反対車線が空いてると後ろから短気な車やバイクがガンガン行っちゃう。だからますます動かないんだ。

一番わけわからんかった "LONELY HEART" どうしたんだ。さみしいのか。

ロンリーハートの上の絵。どうしたんだコレは?!

2014 ネパール① 49

そしてついに…

今バイク4台呼びました。
もし間に合わなそうだったら、
バイクで空港に向かって
もらいます!!

ちなみに
ドゥワリカは一食に3時間かける
らしく、もうとても間に合わない。
「もう用意してるから、遅くなってもいいから来てほしい」
とTELが。あきらめません…。
でももうそんな大量に食えなかったかも…。

車線も何もないグッチャグチャな道だけど、
警察車両がようやく到着して少しずつ誘導を
始めた。おぉ!!POLICE!!

泥ぐちゃぐちゃの道で
新たに立ち往生している
車。気の毒すぎる。
壊れたらしい。

ピー
頼もしい木パルの
POLICE!!!
ビシビシ誘導!!!

ええーっ!!?バイク!!??
それ2人乗りしてくってこと??
ヤー乗ってみたい!!!けどバイク4台で
客×2人、スーツケース×2人で、うちらだけ
脱出して2人はこのまま残るということか。
やだそんな別れ方はイヤーっ!!!さみしい!!!

ちなみにそのバイク4人組は何の人?と聞くと
「僕の友達2人と親戚2人です」
ええっ超身内じゃん!!すみません…。
こういう時雨の中動いてくれるってのがまた
スバラシイけどなんか本当すみません!!!

渋滞の原因になったエリアに
到着。もう道とは言えないくらい
の土のボコボコさ。
タイヤの跡がすごい深い穴に
なっていて、サイドに1m近くの
土の山が連なっている。
こりゃ動けなくなるわな〜。

↑車も洪水の映像みたいに
水につかってズンズン走っていく。
マフラーは完全に水没してるけど
大丈夫なのか。
バシャシャシャシャ
もうヤケ
なのか。

当然、池のような水たまりが所々
できている。バイクがものすごい水しぶき
をたてて半分水につかった状態で
走っていく。すごすぎて爆笑の
スギタさんと私ら2人。
こわれるよ〜!!!

わははは
ははは

バイク4人組も、この悪路と渋滞の中こっちに向かって
きてくれてるらしい。
すると急に道が動きだした。

やった!!渋滞抜けた!!!

土の山ばっかり
わ〜はやい〜!!
見えな〜い!
いきなり風景がビュンビュン
動いてて何か目が追いつかない。
見えない。

しかしネパールはどこまで行っても道の両側はゴミだらけだった。あんなに美しいポカラもゴミだらけ、車が通らない今の山道もずーっとゴミ。

山道を脱出して、いきなり平地に入る。
バイク4人は途中のお茶屋さんでスタンバイしててくれたようだけど、どうやら通りすぎてしまったらしい。
わーっスマセーン!!!!本当すいません!!!
到着したのはカトマンドゥの中心地からずーしだけ空港寄りの所にあるCITY CENTREという巨大なショッピングモール。うおでかい!!!
中にはジョイポリスのような室内型遊園地や食べ物街、映画館、いろいろある。
こういうショッピングモールは最近増えてるらしい。外国人からしたら相場もわかるし、ネパールの人の生活もつぶさに感じられて楽しい。時間があればなぁ。

さてショッピングモール内のBig martというスーパーマーケット(西友ぐらいのサイズ)でビール!!

Rs180 Rs170
650mlサイズ。
安い!!!

レストラン街でおあわててゴハン!!!

超大量のごはん。量多すぎ!!! マトンカレー チキンのはずが水牛カレー

常温コーラ

ゲルブさんが頼んでくれたモモ!!おいしい!!!!

いずれにしても量が多い。おいしかったけどどうやかれて食えん。

長く座り続けてたせいで、車から出る時よろめく私。ゲルブさんがうで組んでくれなければ水たまりにボチャしてたわ。

1F奥にあったサリー専門ブティック。
おぉ…インド!!!
(ネパールだけど)
マネキンがサリー着てる!!!

→ ビールもGetし、ごはんも食べて、フライトにも余裕で間に合いそう。
「ああ途中ちょっと心配しちゃいました〜良かった〜!!」とようやくホッとするゲルブさん。

ここまで来るのに、
12時間弱かかった。
普通は5〜6時間の道に12時間…信じがたいが…。

となりのステーキ屋のステーキを2人でシェアしてるカップル。
量がとんでもない上に、煙が火事かってくらい出ててもうお互いの姿見えない状態。
油がすごいのか?? 大丈夫?

しかし昼休憩のあとの10時間はぜんぜん眠らず本も読まずひたすら外を見ていた。
こんな長い時間外見てて全然飽きなかった。

渋滞がピークな時、突然歌いだしたユジタさん。びっくりした。疲れておかしくなったかと思った。

ゴォォォォォ バーガー MOMO カレー ステーキ

フードコートっていうんだっけこういうのお店が並んで、中央に客席(共有)スタイル。

2014 ネパール① 51

さて、あとは空港へ。

機内から遠ざかっていく夜景を見て再びセンチメンタルな私。なんかチベットとかネパールとかすごい切ないからいけないんだ。たぶんヨーロッパとか行っても全然何ともなさそうだけど、このへんのエリアはなんかダメなんだ。人々の暮らしとか自然とかが全てまっすぐで強くて厳しくて切ないんだよう…。ふうっ…今後毎回泣いてたらどうしよう…。

3月1日(土) 現地時間23:15
CZ3068便に乗りこみ、ついに離陸。

さよなら Nepal!!

Nepal

すごく良かった。
ものすごく良かったです。チベット旅で衝撃を受け、正直もうチベット文化圏以外はまったく興味なくなるくらいチベットが好き(というかもうココしかない！みたいな)になっちゃっていた私の、久々の海外旅行。2年前に計画したインド旅行が流れて、今回ネパールにしたのは、ヒマラヤ山脈を見たい!!って思ってたのと、ネパール出身の知人に色々教えてもらえたから。チベット仏教徒が多くて、インド人も多いからインド文化も強くて、いろいろゴチャゴチャしてるんだろうなーと思って、すぐに決めた。行ってみたら！そのインドから来たヒンドゥーの世界もすごく面白かった。
予想以上に濃いというか強烈というか、こっちにグイグイ神様が迫ってきた。
シヴァ、ガネーシャ、ヴィシュヌをはじめとする神々、その神に仕えるサドゥ、ババジー、そして祈りを捧げる人々。本当にこの神様たちに毎日寄りそって、祈りを生活の一部として溶けこませている人が、こんなにいるんだ。自分にとってはエスニック雑貨屋で見るもので、まるで現実味のない世界だったのに。そこに自分が入ってみると、その強すぎるエネルギーにクラクラするようだった。
チベット仏教のお寺も、チベット本土のそれとは違っていた。ダライ・ラマ14世の写真が飾られていたし、焼身自殺者を悼むメッセージもあった。"いま"と、でも祖国を強く想いながら暮らしていた。
この2つの宗教の神々に加えて、山々がネパール人にとっての神様だった。
色々な民族が色々な言葉で、色々な神様を信仰して、少なくとも民間レベルでは見事に共存していた。
ネパールは、暮らしは不便だけど、あの全部何もかもゴチャゴチャしてる感がすごく強烈だった。チベットとはまた違う何かをぶつけてもらった国だった。
良い人たちと、良いガイドさんに出会えて本当に感謝。
とりあえず山とカトマンドゥが不完全燃焼だったので近々リベンジしに行きたいと思う。

バンディプルの小さなヒンドゥー寺院を守っていたおばあさん

column3
ヒマラヤと高山病

ヒマラヤ山脈

ヒマラヤとは、東西2500kmにわたりインド、パキスタン、ネパール、チベット、ブータンにまたがる山脈で、地球上で一番標高の高い場所。世界の8000m級の山はすべてヒマラヤにある。

本格的な登山はできなくとも、ネパールやインドでは旅行会社で1泊程度からのトレッキングツアーを組んでもらうこともできる。もっと手軽にヒマラヤの絶景を楽しみたい場合は、早朝の展望台、マウンテンフライトなども。距離があるため、空気が澄んでいる冬に行くのがベスト。

高山病とは

気圧の低い所、つまり高所では、血中酸素濃度が低下し頭痛、吐き気、眩暈、動悸、視界不良などが起きる場合がある。低い所に下りれば症状は治まるが、ひどくなっているのに高所に留まっていると、最悪の場合は肺水腫、脳浮腫などで最終的に死に至る。症状の出方は個人差が大きく、その時々によっても違う。

体調に変化を感じ始めるのはだいたい海抜2500mから3000mあたりからで、チベットのラサなどでは息苦しさや頭痛を感じることがある。

対策、予防策

- ゆっくり上がる……いきなり飛行機で高地に着くより、鉄道や車でゆっくり順応しながら高度を上げていく。
- 水分補給……脱水を防ぐため。食事もきちんと。
- アルコールを控える……必要以上に利尿作用があるため脱水症状が起きる。
- 酸素缶……気休め程度。その他、ホテルや鉄道には吸入器やカプセルがある所も。
- 薬……酸素供給を促すダイアモックスは日本でも処方してもらえる。ネパールやラサでは市販の薬も手に入る。
- 体を動かす……散歩などで酸素を体に取り込む。
- 呼吸は吐き切ることを意識……新しい空気を効率よく取り入れるためには肺の空気をしっかり吐き切ることが大切。登山ガイドをしているシェルパ族から聞いた、一番手身近な対策。

54

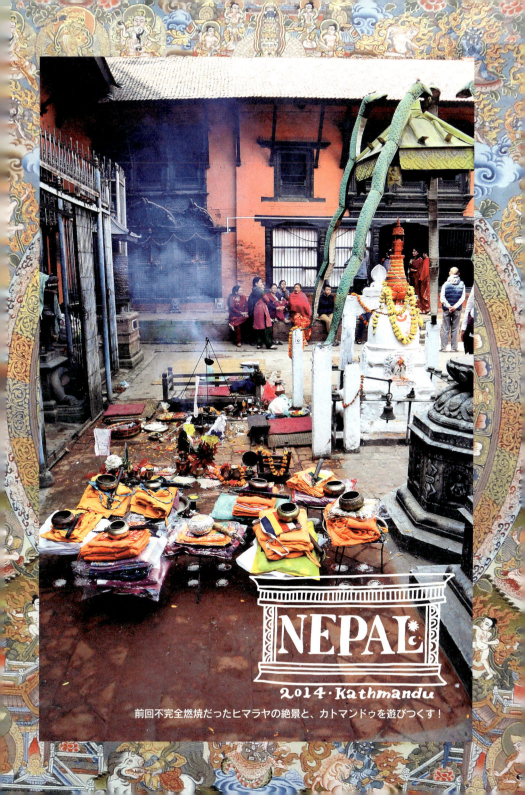

2014.11.22

中国南方航空で、
広州経由→カトマンドゥへ。

22:30 🛬
カトマンドゥ到着!!! あ〜もう飛行機降りた瞬間からスパイスっぽいニオイ！
ネパールだ〜♡♡

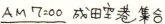
AM 7:00 成田空港集合

前日フツーにお仕事だったから！
1時間しかねてない…ねてない…
まだまっ暗…

同行者「石女」(石ちゃん)

今回の宿!! Kathmandu Hotel Family Home

今回はガイドなし!!
自分たちでウロウロする
超自由気まま旅!!

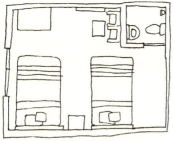

部屋はまあフツー。
シャワーはぬる〜いお湯が
出るのみ。
めっちゃ寒い!!! 石けんもないし。
頭はあきらめて、洗顔フォームで顔と体
一気に洗って終了。

フリース着てねる。

カトマンズ自体は日本よりあったかいけど、
ほぼ水シャワーはきつい。

2014.11.23

クマリの館

生き神、クマリの住居。
中国人観光客がいっぱい
入っていく。
もうすぐ出てくるんだって!!!

カトマンドゥの
ダルバール広場へ!!

カトマンドゥ、パタン、バクタプル
3つの都にそれぞれある
中心的広場。

チョルテンやヒンドゥーの神様は
(チベット仏教の仏塔)
街のいたる所に突然いる。
日本の神社やお寺とは比較にならない数。
これが街と人々の暮らしにとけこんでいて、
あ〜信仰って身近なものなんだな、神様って
すぐ近くにいるんだな〜と思う。

3階のはじの窓からおっさんが「NO PHOTO!! OK〜？」と
叫ぶと、中庭で待っていた人達も「OK〜!!」
すると…

わ〜隣の窓がクマリ!!!
堤真一がネパールを旅する番組でも
映っていた子かな？すこし大人っぽく
なっていた。
口とゆびで数をかぞえてるみたい。
20〜30秒すると引っこんでいった。
うわ〜、まさかタイミングよくクマリを
見れるとは!!!

アイラインすごい…
赤いワンピースを着ている。
全身まっ赤。

ぶぶぶ
かったるぅ〜

クマリ: ネパールに古くから存在する生き神。
ネパールの仏教徒の家に生まれで様々な
条件をクリアした3〜4才の少女が選ばれ、
初潮を迎えるまで生き女神クマリとして
人々の健康や繁栄の祈願、占い、予言を行う。
外出は祭りの時だけで、クマリの館内で
暮らしている。

56　2014 NEPAL②

さて車に乗りこんで、いざ2度目のナガルコットへ!!!

ナガルコットはカトマンドゥから東に、車で約1時間半。
標高2100m。

だいぶ山道を登ってきた。
街はもうずっと下、森と段々畑が広がる道を走っていると
ふと視界が開けてヒマラヤ山脈が!!!
昼間に見る月みたいに、青い空に雪をまとった白い山が
ぽっかり浮かんでいる。うわ〜
そして本日の宿に到着。

☆ **Country Villa** ☆☆☆

小さなフロントとロビー。
フロントの人がスーツを着てる!!!
なんてちゃんとしたホテル!!!

ロビーのバルコニーに出ると、うわー 一面ヒマラヤ!!すごい!!
前回のナガルコットでは見れなかったヒマラヤがあっさり。
「部屋からもヒマラヤを見たい!」と伝えてあったので
部屋はこのロビーのすぐ上の階。
当然ばっちり山々が見える。感動!!興奮!!!

WELCOMEドリンクの紅茶。
ネパール定番のカタチのカップ。

部屋はこぢんまりしてるけどキレイ。
小さなタンカも飾ってあったり。
難を言えば、トイレの水流が弱いことと、
エアコンが全く効かないことかな…。
うんこが流れなかったらどうしよう…。

バルコニーで興奮。

日が暮れてきた。
夕日に照らされて赤く染まるヒマラヤ。
エベレスト(っぽい)小さなとんがりも
見えた。

正面にそびえるのはドルジェ・ラクパ 6988m。青とも黒とも紫ともとれないあいまいな色の空に
鮮やかなピンクの山々。コントラストがすごい。夕暮れのヒマラヤ、感無量。
途方もないスケール。

夜は星が
すごい!!!

(イメージ)

いつも見ている空と全然ちがう。
星の数がすっごい多くて、ひとつひとつが
明るい!!!
すごいね、星ってこんないっぱいあるんだね!!
前も上も、ぜんぶ星。
ま〜るくドームのように星に囲まれてて、
あー地球って丸いんだなーと感じる。

明日の朝は、
朝日に照らされるヒマラヤが
見えるといいな〜

2014 ネパール② 57

カトマンドゥの街中にはいたる所に神様がいる

二度目のナガルコット。空気が冷たく澄んでいて気持ちいい

夕焼けに染まるドルジェ・ラクパ

2014.11.24

朝だ!!!
あわててタト見ると、あら、すごいガス…
2階下のテラスに何人かいるけど、それすらも
かすむくらいのガス。うわぁーっ!!!(泣)
チェックアウトして、いざ Patan へ!!!
パタンへも、カトマンドゥと同じく1時間半くらい。
カトマンドゥに行く道から入れてるので、渋滞なし。
パタン市内に入り、古い建物と細かいガタガタの路地が増えてきた頃…

ぼやーーー
上空の雲はたまーに晴れてうすい青空が見える
こともあるけどすぐに隠れて、また一面まっ白。
見えたのは朝日に照らされる雲のみ。
それはそれでキレイだけど…。

ドライバーのナガラジさんが車をとめた。
曲がり角から大行列。ナガラジさん「これは 葬列だヨ」
親族の女性が、赤ちゃんを抱くスリングのような古い布を
たすきがけにしていて、中には米が入っている。たまに土地面にまく。
その米っぽい人が隣につきそっている。女性は豪快に声をはりあげて
泣いている。こういうしきたり、とのこと。大人になってこんな号泣してる人
見たことない、ってくらい ワンワ〜ン泣いている。

その後、平常心なかんじのおじさん達が何人も
続いて、遺体が運ばれてくる。金の布でくるまれて、マリーゴールドやティカのような赤い
三葉料でハデに飾ってある。あの中に人が入っていて、死んでいる。急に遭遇するとなかなかビックリ。
遺体の後にもすごい人数の親族が続く。ナガラジさん「かなりBig Familyだね」
さて、パタンのダルバール広場に到着!!

朝10:00
定刻通りにダルバール広場で下車。
ネパール人の友人、すーさんと待ち合わせ!

ゆ〜い久しぶり〜!!!

往下の雰囲気は、カトマンドゥはひたすら
混んで雑多、バクタプルは広々として落ちついて
上品、パタンはこぢんまりしてるけど、カトマンドゥから
すぐなのに静かでのんびり平和、ってイメージ。

ダルバール広場内に入るのは有料だし何もないから、ってことで、その他のパタンの街中を
うろうろ歩き回ることに。迷路のような細い道がいくつもあって、自分たちだけ2人で
来てたら確実に迷ってたはず。
民家、タンカ屋、日用品屋、食堂に混ざって小さなお寺がたくさんある。
ここでも日常に宗教がとけこんでいる。

すーさんイチオシのホテル、Newa Chénを、次回のために下見!!!
ユニセフがやってるホテルで、3ヵ月先まで予約でうまっている。
すーさんに頼めばいつでも泊まれるらしい。

昔のネパールの建物を改築していて、天井が
低く、レンガ造りで、やっぱり彫刻がすごい!!
入りくんだ建物の真ん中に中庭。住みたい〜
部屋の中もすごそう。
天井も低くてベッドも低い。そばに小さな
ちゃぶ台があって、デザインはネパールの
伝統的なもので ステキなんだけど、
なんか日本の昔の家っぽくもある。
泊まりたい……。

↑緑いっぱい花いっぱいの中庭。すてき....
本棚のあるくつろぎスペース!!!

ここでなんと、すーさんから提案。
「クマリに会いに行かない？」 わ〜 行く行く!!!
クマリはカトマンドゥのロイヤルクマリだけでなく、
バクタプルとパタンにもいる。
クマリに会えるなんて！すごい!!!

クマリの館はカトマンドゥに比べるとすっごくこぢんまりしてる。
クツを脱いで2階に上がると子供部屋みたいなスペースが
あって、テレビがついている。2才ぐらいの男の子がうろうろしている。
部屋の奥の、石かべの小さくてうす暗い部屋にクマリがいる。
入ると、赤いワンピースに、目にくま取りをした 6〜7才くらいの女の子が
小さな玉座に、やや不機嫌そうな表情で座っている。

←手ぶくろ
タビンのような
テビカ
クマリは土や地べたに足を
ついていけないので 皿に
足をのせている。
お布施の皿
1人やるごとに イスに
結んであるタオルで
必死に 手をふくクマリ。
) そんなにイヤなの？

クマリについて、地球の歩き方にはカトマンドゥの情報しかなかった。
観光客が押しよせるとうっとうしいので、大々的に「会えますよ〜!」とは言ってないのだろう。
すーさん「日本人は温泉とかで癒される〜って言うけど、私にとっての癒やしはクマリ。
たまに会いに行くと、すっごく幸せな気持ちになる」

クマリはヒンドゥー教徒が仏教徒を取りこむために、仏教徒の家庭から選ばれた女の子が
就任するらしい。でももう宗教が違うとか関係ない、みんなの目に見える、確実に存在する
唯一無二の生き神様として、ネパールの人々の心の支えになっているようだ。
小さな女の子を館に何年もとじこめることに 批判もあるみたいだけど、今後もずっと
続いていくのかな。

パタンのダルバール広場

一番高い左の山がエベレスト。ヒラリーステップがはっきり見える

トゥーパと呼ばれる骸骨が織られた絨毯

小さなプロペラ機でマウンテンフライトへ

続いて、なんとすーさんちに遊びに行くことに！！！
すーさんちは屋上も入れると7階建て。お、お金もち…。
1階はすーさん姉弟の営むマタニティショップで、← ネパールでは珍しい、マタニティショップ。まとめてベビー用品が買える場所がないから売れてるらしい。
2〜4階が居住スペース。5〜7階はバルコニー、屋上。
ソーラーパネルや洗濯機があって、イスとテーブルも置いて、のんびり
くつろげるようになっている。ネパールにはこういう家、けっこう多い。
広いバルコニー、外はのんびり静かだし、うらやましい…。
「日本人は人のことを気にするけど、ネパール人は気にしない。
ここの暮らしはサイコー！！気楽！！楽しい！！」

すーさんちの屋上に咲いてた
シャープなデザインのポインセチア。
こんなのあるのか！！

ここからは寄り道しながらカトマンドゥに戻る。
パタンの中心地あたりでたまたま目に入ったモモ屋でおそめのランチ！！

辛ソース / 辛ソース
石ちゃんの
Buff(水牛)モモ Rs.60
私の
ベジモモフライ Rs.80

カタチがちがうのは区別するため？？
フツー、丸いのはネワール式、日本のと似てる
長いのがチベット式。

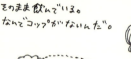
モモ
チベットのギョウザみたいの。

お客さんみんな、テーブルのポットの水を
そのまま飲んでいる。
なんでコップがないんだ。
口はつけてない。さすがに。

バフもベジもすごく美味しかった。
が、このベジモモフライ野郎が翌日悲劇を
まねくのでありました…。

LEAN / COVER / HOLD
DURING EARTHQUAKE

大学の土塀に描かれた、
「地震の時はこうやって身を守ろう」的なの。

パタン市からカトマンドゥを結ぶ、オシャレな店が集まる大通り、クプンドールを歩く。
良さげな服屋があると聞いて探したけど、見つからず。
車の通りが激しくて、しんどい。
気を取り直して、バグマティ川を渡り、国立競技場前の
"Babar Mahal Revisited"へ。
かつての宮殿を改装し、センスのいいお店やレストランが入った
ショッピングコンプレックスにつくり変えたところ。
白かべとレンガがキレイ。

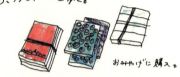
おみやげに購入。

行きたかった紙製品のお店、
"Paper Moon"。
タメルで売ってるロクタ紙よりも上質で美しい
紙を使ったノート、ペーパークラフト、カレンダー、
ゲームが売っている。少し高いけど、全部欲しい
くらいステキ。

中庭で夜ごはんの場所を
決めて、さあカトマンドゥに
戻りましょう。

62 2014 NEPAL②

カトマンドゥの中心地、タメルに戻る。
タメル地区はホテルや土産物店、レストランが集まる街で
バックパッカーの聖地とも言われている。ネパールで一番
人が多くてにぎわっているエリア。
カトマンドゥの台所と言われる「アサンチョーク」は
渋谷のスクランブル交差点並みの激混み!!

やっとホテル到着!!!

Hotel "Holy Himalaya"

キレイなフロント、広いロビー、
ウェルカムドリンク、エレベーター、スーツの
フロントマン!!!
ホテルの階段にはなぜか日本人現代
アートの作家さんの作品が飾られていて、
植物もいっぱい!!ステキ!!!
お湯も毎朝晩6:00～9:00は確実に出る!!
とのこと。Wi-Fiもフリー。

←景色は見えないけど、キレイな部屋！

荷物を置いて夕ごはん!!タメルの
「タカリ・バンチャ」でタカリディッシュ!!!

←ネパール人もよく飲んでる
デンマークのビール
「TUBORG」

チキンカレー
フライの魚
ダルスープ
アチャール
ヨーグルト
サグ
野菜スティック
タレ
よくわからん米とモヤシみたいのカスみたいの
なんか辛い野菜

ダルスープは少し塩気が強い。
昨日食べた方がまろやかで好きかな？
おいしかったけど。

店内は広くて明るい。
地元民と観光客は7:3くらいの割合。

タメルには土産物屋がいっぱい。
夜もにぎわっている。
観光客も地元民もお互い気にせず
のべーっとダラダラしていて、なんか居心地いい。
いろんな人種がいるって、落ちつく。

- -

明日早朝は念願のマウンテンフライト。
はやめに寝たものの…→

寝て起きたら、なんか治ってそーな
気がするぞ!!!
ということで、寝てみる。
くぅ…。

2014.11.25

朝5:00に目覚ましで起きる。
胃は治ってない。くっそ～！！！！
ほんとにくそ…。

深夜、強烈な胃もたれで目が覚める。
痛いのとも違う、とにかくすっごい胃もたれと、少し吐き気。
吐いてみようとトイレ行ったけど、さっき食べた
ナンの米とモヤシみたいのだけちょびっと
出ただけで脱力。
なんだコレは…いつもの胃炎とちがう…。

ズボンはくのも大変

とりあえず行くしかねぇ。
5:45にロビーでドライバーと待ち合わせ
なので、頑張って準備。

とりあえず空港に行かなきゃ…

ま、暗なカトマンドゥをぶっ飛ばして
国内線ターミナルへ。
途中からは車両通行止めになっていて、
空港の敷地をひたすら歩く。

もう10人くらいしか乗れない
ぐらいの小さなヒコーキ。
2列なので全員窓側で、
すぐ前がコックピット！

具合も悪いし、急いだのでノーブラ。
フリースもジャケットも着るしいいかと
思ってたけど、ボディチェックで痛ましい
事件が発生した。
ブラの目けがなくてペッチャンコな私のパイを
さわった女性検査官の目が「!!?」
すかさず股を入念にタッチ。
しばらく全身まさぐられて解放されたけど、今思えば
あれは、胸がない⇒コイツ男なんじゃ…？⇒股間check
されたのでは…!!?　もう死にたい…!!!!

最初にBuddha Air印のアメ玉と、マウンテンフライトで見えるヒマラヤの
山の図。おぉ〜

なんかすぐ離陸して、すぐ雲の中へ。モゴモゴ！

むっちゃ具合
悪いけど
うれしい。

機体の左側に!!ヒマラヤ!!おい!!!
右は朝日に照らされる雲!!!わ〜い

これぞ"神々しい"って言葉が当てはまる光景。すごすぎ。
朝の光を浴びた山々…これ見たら、山が神様だってのがよく分かる。
すごすぎて現実感ない。

Good
Morning!!
あの山は〇〇だよ!!アレは
〇〇で、アレは〇〇!!以上!!!!

1人ずつ、ちょっとだけ
コックピットに入れてもらえる。
爽やかなパイロットに
雑に説明してもらえる。コックピット、
すごい見晴らし良い!!（当たり前）
山脈を一気に見渡せる〜!!!

そして…

でっかい西洋人と、
尻だけバカでかい
インド人女子は何度も
むっさりコックピットに入る。
空いてる座に勝手に座って
写真撮りまくる。

Everest

うおおおお……コレが
世界最高峰か…。

ひときわ高くそびえる黒い山頂。
すごい存在感…。うおおお……

ヒコーキはカトマンドゥから北へ向かって、ランタン・リルン→シシャパンマ→
ドルジェラクパ→ガウリシャンカール→チョー・オユー→プモリ→エベレスト
→ローツェ→アマ・ダブラム→マカルーと山脈に沿って飛び、
おりかえして同じルートでカトマンドゥに戻る。

飛行機の片側には一面の雲。他には何もない。もう片側には、雲もつき抜けるヒマラヤ。
本当にココだけ、世界でココだけ飛べ抜けている。本当に世界の屋根なんだ。

1人だけ乗っているCAは、お客さん1人1人の横に座って「あれはエベレスト、3つのピークがあるのが
ガネシュヒマールで…」と図を見ながら解説してくれる。

ホテルに戻ってそのままベッドにダイブ。
石ちゃんが朝食行ってる間に全力で休んで、
とりあえず ボダナート へ！！！

目はあいかわらずどっしりとこっちを見ていて、
「おぅ、よく来たな」と言ってくれている気がする。
思わず「お腹が速やかに治りますように…」
と祈ってしまった。スイマセ…。

ボダナートですこし癒されたら、次は パシュパティナート へ。
たぶんフツーに歩いたら10分くらいなのだけど、
ヨロヨロ歩いてたから30分近くかかったような…。
辛くてあんま記憶なく。

地図を見ながら来たけど、どうやら裏から
入ってきたみたい。入口の階段を上がると
だだっ広い芝の広場に出た。が…
一面ゴミの海…！！！！！

とにかくどこもかしこもゴミ！！！
土の面を埋めつくすゴミ！ゴミ！ゴミ！！！

死にそうなので仕方なく
自分もゴミ山で休憩。

ウソみたいな光景…。ココはゴミ集積所か？？

インド顔多し。

アルエガート（火葬場）も健在だった。

新しい遺体が運ばれてくる。
流れ作業的に、どんどん焼く。

前より川の流れが悪くなったような…。
灰を流しすぎて詰まってる。
完全に。

ココに来た人は「死臭がする」とか
「人の焼ける臭い」とか言うけど、私はぜんぜん何も感じない。でも…コレはびっくり。

火葬を見ながら
休憩。
こっちが
灰になりそう
こんなとこで…

火葬をバックに
記念写真

人の灰流れてる真横で
川あそび

2014 ネパール② 65

さてもうさっさとホテルに帰りたい!!!
ということで出口でタクシー待ちするも、こういう時に限って
なかなか空車が来ない。
あ、来た!と思ったら石ちゃん手をあげてなくてスルー。
うかがが何してるだー ああぁ来たー!!!!!

しゅがんでタクシー待ち

タクシー!!!
渾身の力で止める。

ネパールのタクシーなんていつも用事なくても寄って来んのに、この超観光地に
なんでタクシーがおらんのだー…!!! タクシープール作っとけ!!!!バカ!!!!!

ホテルに戻って再びベッドにダイブ。
うぅぅぅ死ぬー。
痛みはたま〜になんだけど、とにかく史上最高の胃もたれ。
気持ちは元気なのに体が動かない。今日は一日カトマンドゥ
うろうろ&最後の夜だってのによぉがぁー!!!!

でもまぁ急性胃炎だろう、ってことで、ひたすら寝ることに。夜には治ってるといいな〜。

何時間か寝た外、なんか熱っぽい。
体温計ないから分かんないけど、38度くらい出てそうな感じ。
うまい…
石ちゃんも腹を少し下してるっぽいけど、手ぬぐいを何度もしぼって
おでこにのせてくれる。
ミカンも買ってきて、1階からお湯を運んでくれる。
ゴハン行っといでよ、と言っても部屋にいてくれる…すまん…。

こういう時
サーモスのまほーびんとか
持ってたら役立っただろうな。
サーモス

夜、何度かゲリ。でも
こういうゲリ時のよくある
陣痛(?)ではなく、
フツーの便意(弱め)で
トイレ行くと少しゲリ、
みたいな。
スイマセン
ちょっとウンコしたい
ような…
気もね…

この日は結局夕方から活動再開って
目標も、夜は最後の晩餐を楽しもうって
のも叶わず。
貴重なカトマンドゥの一日が
つぶれる。
しくしく…。
さようなら…。

2014.11.26

朝だ!!!
うぉぉ、治ってる!!!
すごい治ってる!!!
うおぉぉぉ
オレはやったぞぉぉぉ!!!

昼のチェックアウトまで
初!!スワヤンブナートへ!!!
スワヤンブナートまでは
タメルから西へ2kmくらい。

あ〜良かった良かった(泣)
とりあえず昨日はパスした朝食バイキングへ。

ホットミルクとコーンフレーク
すいか
紅茶!!!
チョコパン
チョコバナナケーキ
すごくうまい!!!
クロワッサン

ヨーグルト、フルーツ、パン、ケーキ、炒めもの、
ごはん、サラダ、すごく美味しそうな朝食!!!
なぜかJamaican Jark potatoもあった。
お腹にやさしそうなものを選んで、完食。

66 2014 NEPAL②

観光客のほとんどいない住宅地を歩いていく。
すこし登り坂になってきたあたりで、少しずつツーリストっぽい人が増えてくる。

しばらく歩くと、丘の上にストゥーパが！！
うぉ、あれがスワヤンブナート！！！

入場料は250ルピー。
安い！！

丘の上にあるので、カトマンドゥの盆地が一望できる。
そしてどこに行ってもサル！サル！サル！！！

ほんとに、スワヤンブナートの周辺にだけむっちゃいる。
他に流出してない。
「モンキーテンプル」って言われるだけある。

階段のてっぺんまで上がるとドーンと大きい金のドルジェ。その奥にストゥーパ。
ボダナートより小さくて、表情も親しみが持てるかんじ。

あんまりチベット系の人の姿はなくて、インド顔、他の民族だろーなって人ばっかり。
ココはその昔、ネワール族が建立…したんだか何だかわからんけど、ネワールの人々がずっと守ってきた所。ネワールにもヒンドゥー、仏教徒どっちもいるけど、そういうの関係なく大切にされてきた。
チベット人やシェルパ族はボダナートのが多いらしい。

まずは、タメルの東、ダルバールマルクにある
Sherpa ADVENTURE GEAR へ！！！

ネパールでうまれたアウトドアブランド。
シェルパ族の男性がつくった。商品の耐久テストは、実際に山でシェルパが行っているらしい。

ジャケットやダウンも、日本で仕入れたようなの買うよりずっと安い！！！
カラーソーゴも、私の一番好きな青が多くて大スキ！！

結局 1000ml (でかっ) の
ロゴ入りナルゲンボトルをゲット。
不織布のかわいいきんちゃくに入れてくれる。
あージャケット買えば良かった…。

あぁ〜っ私ココずーっと―――っと
イキたくて、住所調べてきたのです。
夢の本店！！！！

ファスナーには
タルチョの5色が！！！

マークは
エンドレスノット！！！

かわいいサマ
コルガ

上つアイライン
ぬりすぎてがビガビの
お姉さんstaff

Tシャツ、小物にはチベットっぽい
雲や道の花なんかの柄も。
あぁ好き…！！
日本でももっと売ればいいのに…。

2014 ネパール② 67

ネパールの正規アウトドアショップ

☆ THE NORTH FACE
→ いっぱい店舗あるし、新しく開店する店も たくさん。こんなに偽物売ってんのに…。

☆ MOUNTAIN HARD WEAR
→ タメルからダルバールマルグに 向かう道で発見。

☆ BLACK YAK
→ 韓国のブランドらしい。名前がいい。 デザインはシャープで、テキスタイルが 派手でかわいかった。

見つけたのはこのくらい。 とにかくNORTH FACE タレ！！

非正規アウトドアショップ

街中にむちゃくちゃある。 ダウン、フリース、ジャケットなんかも 1000～2000ルピーとかでダンボールに つめて売っている。 なぜかNORTH FACE、マムートが 多いけど、もちろん偽物。 服だけでなくギア、シューズもあるけど、 このへんは本物も混ざっている。 偽物でも性能はけっこう良い!! クオリティ高い。 コレはネパールならではの 文化だなー。

タメルには刺繍屋さんがいっぱいある。山の絵、ブッダアイ、 タンタン、ドラゴン、ヤクいろんな柄の 刺繍を入れたTシャツが並んでいる。 今回はたまたま着ていたGOHEMPの パーカーを預けて刺繍してもらうことに。 デザインを決めて料金(1200ルピー) は後払い。予約も何もないし お店のお兄さんはメモもしない。 「今夜の便で帰るから、夜8:00には仕上げてね。9:00には 空港に行きたいの。OK？」ときくと「あ～ハイハイOK～」 ってめっちゃ軽い返事。大丈夫かな…と思ったけど、 8:00に受け取りに行くとカンペキに刺繍されたアイツが!!! お兄さんごめん！大満足でした!!! ただ刺繍部分が 予想以上にガソリン臭いことに、帰ってから気付いた。 何だろ？ミシンの油…??

主に ヤク、エビティ、ヤクとドラゴン

ブッダアイとヒマラヤ

スーパー・本屋にて

登山の絵の箱の↓紅茶
タンタンのチベットのマグネット
ネパールにもある！カーマスートラ!!!
でもダージリン
初めて見たビール カトマンドゥ

その土地の本屋とかスーパーって 面白い!!!

Rちゃんはマグネット収集家なだけあって どこに行ってもマグネットを見ていた。 ものすごい数買っていた。

もちろん権にkeepしてる左手

Decheling はチベット料理のガーデンレストラン。 本当は「ギャコック」というチベットの鍋が 食べたかったけど、3人からなんだって。 でも美味しいトゥクパが頂けて大満足!!

おひるゴハンは、友人のチベット人Mさんおすすめ "Decheling"で!!

トゥクパ。 すごく美味しい。胃が休らぐ…
素朴なチベタンブレッド
ごはん
チベットで食べたのに似てる、カレー風肉じゃが。ゴハンと一緒に。

さて、あとは私たち買い物だ!!
ネパールといえば紅茶! インドのダージリンに近い、 イラム産の紅茶が有名。 タメルにたくさんある 紅茶屋のひとつに入る。 カラフルなポーチや箱に 入った紅茶は、 お土産にぴったり。

かってみたいコレ
ビニールをどける。
ピー

68 2014 NEPAL②

カトマンドゥの商売人たち。自転車の果物屋。ネパールではいつどこでも果物が手に入る

フレッシュジュース屋。その場で果物を絞って作ってくれる

紅茶をごちそうしてくれた日本語ぺらぺらのマイケル

定番土産のポチ手を見てたら、お店のおじさんが日本語で話しかけてきた。日本語を勉強しているらしい。この手の人はよくいるけど、本当に日本語の教科書を持っていて、「私は日本人が大スキ！良かったらお茶どうぞ！」と紅茶をくれた。「マイケル」というニックネーム（こっちが気になりすぎて本名忘れた）のこのおじさん、サイフに息子と娘（独立してる）、奥さんの写真と一緒に古いお札を入れていた。ネパールが王政だった頃の王様の写真が印刷されていて、「すばらしい王様だったから！」と一枚取ってあるらしい。
「毎日、日本人が来てくれます。今日は旅行中にマスダが来ました。」→増田？
「山が好きですか？」←「山が」＝「山」
「お名前は？イシマル？それはネパールのネワール族の謎で「おもしろくない男」って意味だよ」と、面白かった。
私達の他にも、友達がフラッとお茶だけ飲んで帰っていったり、のんびりやってていい感じ。
「何も買わなくてもいいんだよ」と言われたけど、マチャプチャレ山が織られたカーペットを買いました。ありがとうマイケル。また来ます。

マイケル

石ちゃんもちょっち楽しそうで良かった。6日間ありがとう…カゼひいてたのに…

Thamel Kitchen Dance Club

いかがわしい看板

ホテルでザックを受けとって、タクシーで空港へ。500ルピー。

MACHA PUCHNRE

ザブトンサイズの
キレイに包んでくれた。
ネパールはこういう所しっかりしてる!!

帰りももちろん中国南方航空で。
あ〜もう重力ってる… あ〜離陸だ… あ、もう高度出た!! うわあああん
もういちいちうるさい私のセンチメンタル!! うわ〜ん

さよならネパール!!
また近々くるよ〜

23:15
ネパール出国!!!

今回はガイドなし、航空券とホテルは全て自分で手配して現地でも全部自分たちで動く旅でした。
いろいろ手配するのは大変だったけど、前回不完全燃焼だった分、自分で旅を組み立ててリベンジしたことで、大スキなネパールとの距離が大幅に縮まった気がする。
何度も書いたけど、ネパールの、人も神様も動物もぐちゃぐちゃに混ざってギュウギュウしてる感じがとにかく好きだ。日本にはない生命力を感じる。
また近々、行くことになるでしょう。次はポカラでトレッキングかな？
一緒について来てくれて、ぶっ倒れた時も頼りになった石ちゃんありがとう。パタンを案内してくれたあーさんもありがとう。 おわり。

2014.11.27

広州でトランジット。
成田へ帰国。おつかれ様でした。

スワヤンブナートからはカトマンドゥが一望できる

column4
ダライ・ラマとチベット

ダライ・ラマ14世。誰もが一度は聞いたことがある名前ではないだろうか。現在、チベット本土でダライ・ラマ法王の写真、名前すらも見聞きすることはできない。法王の故郷であるにもかかわらず、法王への信仰を表すことも、写真を所持することも禁じられているからだ。

ダライ・ラマ法王とは

ダライ・ラマとは、チベットにおける精神的、政治的最高指導者。チベット国民、その他仏教徒からの絶大な尊敬と信頼を集める存在だ。

現在の法王は14世。600年前から転生制度によって引き継がれてきた。転生とは生まれ変わりのこと。先代のダライ・ラマが亡くなると、次のダライ・ラマ＝先代の生まれ変わりを探すことになる。信託や占いによって転生者のいる方角、時期を導き出し、候補者となった子供には先代の持ち物を当てるテストも行われる。

14世は2歳の時にダライ・ラマ法王に認定され、チベット東部アムド地方の生家からラサのポタラ宮殿に移った。1949年に始まった中国による侵攻、弾圧の激化により、1959年にインドへ亡命。以降は北インド、ダラムサラを拠点に世界中で講演を行い、非暴力によるチベット問題の平和的解決を訴えている。1989年にはノーベル平和賞を受賞した。

2011年、法王は政治的指導者としての立場を引退。現在はロブサン・センゲ首相が亡命政府のトップとしてチベットの政治を執り行っている。そして2014年、自身の死後に中国共産党認定による新しいダライ・ラマが生まれることを防ぐため、600年続いた転生制度を放棄した。

現在のチベット

現在、チベット本土を支配しているのは漢民族だ。独立国家であったはずのチベットは完全に中国の地方都市となり、首都ラサは中国からの移民で溢れ、大きなショッピングモールやマンションが乱立。地方では遊牧民が居住区を追われて集合住宅での定住を余儀なくされている。遊牧や農業により保たれていた植物の成長サイクルは崩れ、木々の伐採や地下資源の過剰採掘、核廃棄などの環境破壊も深刻な状況だ。

前途の通りダライ・ラマ法王への信仰は違法とされ、中国が認定したパンチェン・ラマ（127ページ参照）への信仰を強制されている。中国の制定した法を犯した者は投獄、拷問などの処罰を受ける。2011年からは自身の体に火を放つ焼身自殺による抗議が各地で多発した。

チベットへの快適な旅は、中国政府によるインフラ整備や観光地化が進んだことで実現した。しかし多くの犠牲と侵略という、悲しい現実の上に成り立ったものであることを忘れてはいけない。

2015.6.18

人生2回目、5年ぶりのチベット・ラサ!!!

出口で待っていてくれたドライバーさん。
小柄なオジサンかと思ったけど、
よく見たら女の人だった。

この人はガイドではないので
日本語はもちろん英語もNG。
たま〜に分かる単語も出てくるけど、
もうほぼお手上げ。

名前も分からん...

同行者は、3回目の石ちゃん。アフロになった。
北京を経由し、甘粛省の蘭州へ。
19:00 到着!! 初!! 蘭州〜!!!

街を過ぎると、次は砂の
ハゲ山が砂漠のようにえんえん
続く、世界の果てのような景色。
すごいスピードで走ってるのに、
1時間以上 この風景だった。

あたりも暗くなってきて、蘭州の
街のネオンがきれい。
黄河にも、黄色いネオンに彩られた
大きな橋がかかっている。

ハゲ山のはざまに、突然すぎる高層ビル!
中国の地方都市っぽさ爆発!
このだ〜〜〜い、野ざらしの景色の中に、
ぽんと現れる大都会。
蘭州市内に到着!

ひと休みしたら
夜ごはんを食べに
街へ出てみる。

→なんか菜っぱと
たまごのスープ。

→炒米って書いて
あるから、チャーハン的
なのだと思ったら
ソース焼きそばだった。

1杯うまい!!
すっごいうまい!!!!

とまらん!!
うまい〜!!!!

排骨がのってて、三枚効いた辛いスープに刀削麺。
コレ1杯で12元=この時のレートで264円。安!!

大満足でホテルに戻る。

焼きとり屋の動夜のセンス
ものすごい。

"百変的菜 不変的愛"

お湯たっぷり出る!!
中国はお湯と
電気の心配ないから
いいわ〜!!!

バスタオル
でかすぎ&重すぎ。
でも海外ってこうだよな〜。

ところで......

中国ではFacebook、
Twitter、Googleは
つながらなくて、LINEも
一部規制されてると
聞いたけど、フツーに使えた。
ちょっと接続おそいぐらい。

74 2015 TIBET

6.19 蘭州駅へ。

ラサ行きの鉄道は予約してあるので、窓口で切符をもらう。

必要なのは…

①
パスポート

②
パーミット

コレが青蔵鉄道の
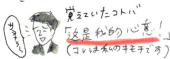
チケットかー！！！
「550元」→12,480円
（今のレートで）

パーミットは窓口で回収されるハズだったけど、返してくれた。X線の検査もテキトーだし、西寧よりゆるいぞ！！
蘭州駅！！

自分で手配はできない。旅行会社を通すので、手数料もかかってるな……。
今はシーズンだからただでさえ高いのに、円安のおかげでさらに高い。キー！！！

この切符は列車に乗るとカードと交換されて、降りる駅近くなると返しに来てくれる。

ここでドライバーさんとお別れ。

覚えていたコトバ
「这是我的心意！」
（コレは私のキモチです）

と一緒にほんのちょっとのチップと手紙「謝謝您的照顧！祝你健康！」
（お世話になりました。お元気で）を渡す。
そんなのいいのに～！ってテレながら笑顔で握手。お互い言葉ぜんぜん通じなくて中国語 vs 日本語一本勝負だったけど、ありがとうございました～！！

中国の鉄道の駅は超でっかい。

別の係員さん。
「ココで待ってて～」
外国人はおそらくうちら2人だけ。
いつ乗ればいいのか聞きまくってたがオボえてもらえて、「もういいよ！」「出たら左ね！」って声かけてくれる。

回族もいっぱいいる。
すごい美人がいっぱい！！！

駅にはもう列車が来ていて、車両の入口ごとに乗務員さんが立っている。
チケットを見せて「こっちでいいの？」ときくと、すごい笑顔で「アチラです！」すばらしい。

まる子？
「祝您旅途愉快！」

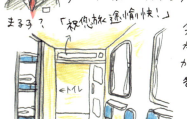
←トイレ
おりたたみイス

今回乗る二等寝台車（软卧）は三段ベッドが2つ、計6人寝れるコンパートメント（ドアなし）が並んでいる。
各車両にトイレ、洗面台、給湯器がある。
上の段の人の足場がついている。

足場は昔のiPhoneくらいのサイズしかない。せまくて乗りにくい。こわい。

2015 チベット　75

同部屋になったのは、同年代の4人組。from 上海。名前わからんので仮名をつけてみる

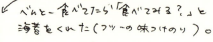
カズくん　ユナちゃん　カヲルちゃん　ミチちゃん←仮名

1才上か同い年だった。
ちょくちょくお菓子をくれる。

べんとー食べてたら「食べてみる？」と海苔をくれた（フツーの味つけのり）。
こっちも日本が誇るおいしいチョコレート、ガルボをプレゼント。

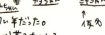
お弁当売りのワゴン。
1コ30元なので、ランチはコレにしてみる。

菜っぱ（チンゲンサイ？）どきくらげ
豚肉といんげん
白米の上にゆでタマゴ（うす皮つき）と、雑に切ったハム。
豚肉と青とうがらし
すごいうまい。

中華屋炒めもののオカズ×3とごはん。
すごくおいしい。

蘭州を出て10分もすると、すっかり人のいない風景。
かと思えば、急にモスクがぽつんと建ってたりする。
うーん、中国の土地方のイスラム文化圏、大スキ。

途中、一瞬だけ見えたシルバーのモスク。月!!かっこいい。

ものすごいクッキリついた土色層。
西寧は急にすごい寒い…そして、雨。
なんでこんなに寒いんだ…。

2時間くらいで、西寧に到着!!
わーいわーい!!! 5年ぶリ!!!

蘭州　西寧　拉薩
行き先表示の前で記念写真。

新しくなった西寧駅、めっっごいデカい。
西寧は都会だけど、すぐに緑の山々が見えてくる。
レンガづくりの簡素な家が並んでいる田舎らしい景色があって、奥に山。
雨期は緑がキレイだな〜。

同部屋の4人はすごい量のお菓子を買いこんできて、ずーっと食べてる。
たまに分けてくれる。
ほんとにずーっと食べてる。

あっという間に19:00。食堂車にイッてみる。食堂車には硬座（イス席）の車両を3つ通り抜けてイカなきゃいけない。
硬座は6人がけに小さなテーブル1つ、ギチギチで寝転べることもできない。ちょっと客層ちがった。
まず車両に入ったら臭い。日焼けして、人民服着てたり、寝台車の人たちとは経済状況がちがうことが一発でわかる。回族の美女もみんなココにいた。
車両連結のスペースにシートやブランケットを敷いて寝てる人、タバコ吸ってる人、酒のんでる人もいる。

回族の親子が
床にねていた。

食堂車は4人がけのテーブルが
11コ。
メニューは6種類のおかずと
白米のみ。
← 洋葱肉 40元

↑ 回鍋肉 45元
← 白米 5元
← 無料のスープ
（たまご、きゅうり、トマト）

テーブルで頼んで会計もし、
3分くらいで出てくる。
青蔵鉄道の食堂車は中国の鉄道の中でもレベルが高いらしいけど、
すごーくおいしかった!!! こんな食堂、近所にあったらいいのに…。

すごいでっかい虫!!!
また全員で窓にくっついて写真大会!!

乗務員のお兄さん、中国語の
本を見つけて「見てもいい？」
同部屋の女の子も一緒に。
イラストいっぱいで
「カワイイね!!」と
興味深そうに見ていた。
すいかワゴンのお兄さんも見てた。
ユカ
ちゃん
(仮名)

すごい空。
今もう20:00だけど、こんなに青い。

ヨーグルト。
前も青蔵鉄道でヨーグルト
たべたな〜。

土地面が凍っている。
外はさむそう…。

硬臥のトイレ
軟臥には洋式もあるけど、硬臥は
中国式トイレのみ。ガイドブックに紙はどんどん補充される、って
書いてあったけど、まずペーパーホルダーもない。
ボタンで流すと水が四方八方に飛んできて危険!!
ゴミばこ
くさいのはガマン。

青蔵鉄道には小さな洗面台が3つ
ある。(たぶん各車両1か所ずつ)
しぶきを飛ばしまくるオジサンと2人で洗顔。
お湯は出ない。

2015 チベット 77

夜の蘭州の街には露店がたくさん

青蔵鉄道。蘭州を出てすぐ弁当売りのワゴンがやってきた

荒野にかかる虹。チベットでは何度も虹を見た

ワゴンのお弁当。炒め物が美味しい

食堂車の夕食。少し高いけど味は大満足

もうすぐ標高が上がり始めるので、
「高山病で何かあっても責任取れませんよ!」
って紙が配られる。

窓のカーテンがしめられて、みんなで洗面、トイレで
忙しくしてってきた頃、同行の石ちゃんが寝る。
さっさと寝てしまった。大丈夫か…

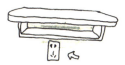

「中国語オンリーでよくわからん…」って思ってたら
ミキちゃん(仮名)がすかさず「ハロー」と
声をかけてくれて、自分の紙を見せながら
書き方を教えてくれた。
なぁ〜〜んて優しいんだ!!
すばらしい気づかい。親切。ありがとう!!!

廊下のテーブルの下にコンセントがあって、
みんなでゆずり合いながら使う。
カヨちゃんがタップを持ってきてって、
私もカメラの充電をさせてもらった…
というか、カヨちゃんが私の手から
取って差してくれた。どうもありがとう。

駅に停車したので、カメラを持って降りてみる。
駅の名前はゴルムド(2828m)。「格尔木站」の赤い電飾が、駅舎の上に浮かび
上がっている。
ホームには小さな売店があって、鉄道から降りた人たちがむらがっている。この不毛地帯に
こんなに明るい都市を作る。どこにでも住みついて自分たちの街を築いて生きようとする
この生命力はなんだ。この暗闇に浮かぶ、人工的で不自然で強烈な街。
何がかかわらないけど、なんだか途方もなさすぎて泣けてくる。
日本にはない、大陸的なこの生命力、中国はやっぱりおもしろい。

2015 チベット 79

ゴルムドで途中下車してみたいけど、なんかこの夜の景色が一番いいのかも。
今回も青蔵鉄道乗って良かったなぁ。

ゴルムド。
異世界。これぞ。

鉄道に戻ってウダウダしていると、一人起きていたカヨちゃんが「すごい数の星だよ！！」と教えてくれる。

思わず「わー！！」と声が出ちゃう。すんごい星。
星が近い。ペットボトルロケットでも飛ばせば、すぐ届いてぶつかるんじゃないかってくらい近くて、
1つ1つがすごく立体的に、手前にあったり奥にあったり。空の奥行きを感じる。天井から星のオブジェを
無作為にヒモでつるしたみたいに、すぐそこに浮いている。「月がすごーく低い所にあるよ。見える？」と、
カヨちゃん。見えるよ、なんでそんな下にあるの？月は、まっ暗な空、山のすぐ上に浮いていた。
もうとにかくすごい空。チベットでは、空はすぐそこにあるものらしい。
東京の私たちにとっての空って一体何なんだろう。今こんな遠くにあって、チベットの大地
を包みこんでいる空と、本当につながってるんだろうか…。
結局30分くらい、空を見ていた。

フトン（一枚）
←枕はついてるよ！

ゴルムド・星空と良いものを見て
そろそろ就寝。

6.20

朝6:00に1人起きてみる。廊下に出てみると
まだそーっと一気の早いオジサンとかしか起きてなくて、
洗面所も空いていた。

夜明けのココシリ高原は
とってもきれい。

なんでこんな早起きしたのかというと、そろそろ通るハズのアムド（安多）エリアを見たかったから。起きて30分くらいで到着。

おそろしく小さいアムド駅。到着。
あんた、たかに、アムド 4702m。

カーボーイ格好の人が何人も乗ってきて、あーチベット！！ってワクワク。

アムドすっごくイイよ〜！！

と知人に聞いてたから。
アムドのチベット人は長身イケメン武士ってかんじでカッコイイ人が多い。

アムド駅の辺りは、ゴルムドより力の抜けたかんじの小さな街が広がっている。

アムドを過ぎると大きな湖が見える。名前はわからない。
朝日に照らされる大地！！水が青い！！

各ベッドの頭の上に空気が吸える口がある。
この口に専用のチューブを差しこんで反対側を鼻につっこむと酸素が吸える。
チューブは配られなかったけど。

フツーの薬みたいな箱
← 高山病のくすり。
カズくん（仮名）が見せてくれた。

「あなたたち、薬ないの？チベットはハイマウンテンだよ！？」とびっくりしていた。
そういう薬って、売ってるのか…。
知らなかった…。

ユカちゃん（仮名）はブドウ糖（グルコース）が効くよと教えてくれた。
でっかい洗剤みたいなパックのブドウ糖を持ってきていて、ちょくちょくお湯に溶いて飲むと効くらしい。

中国は、いたる所にお湯を無料で入れられる所がある。
列車の中にも給湯器があるので、みんなマイボトルに入れて飲んでいる。お湯のまま飲む人もいれば、お茶の葉を入れてる人も。（中国茶の茶葉は何度もお湯を足して飲めるから便利！！）
水分をたくさん摂ることも、高山病の予防のひとつ。
同じコンパートメントのメンバーは高度障害が出始めたのかグッタリしている。ミキちゃんはしんどそうな表情で寝ていて、カヨちゃんは武士のように厳かに座って動かない。と思ったら、途中しばらく停止した駅のホームで吐いていた。そして石ちゃんは三段ベッドの一番上で寝たまま、全然起きてこない。大丈夫か？？

朝ごはんはまた弁当のワゴンを狙ってたのに来なくて、かわりに売ってたヨーグルト。

昨日も食べたコレ。ユカちゃんがくれたクラッカーと一緒に。

2015 チベット 81

早朝のアムド駅

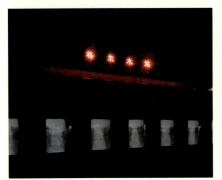
暗闇のゴルムド駅。遠くにはネオンの街が見える

ワゴンで買ったスイカとヨーグルト

海抜4800m、ココシリ高原の夜明け

遊牧してる人がいるとさらにチベットを実感!!

ダシュンをすぎると畑、家、菜の花畑が増えてくる。キレイ。

テント張ってる

わりと元気だったユカちゃんが毛詰のおかゆを食べている。やっぱ中国の朝ごはんはおかゆですね。しかし本当に、どんだけ食べ物持ってきてるんだ……。

畑の所々に軍人がいて敬礼している。
1人だけ立ちションしてる人も。

鉄道まとめ

☆食料、とくにカップめん買っとくといいかもよ!!
→ワゴンが来たり食堂車がオープンするゴハン時にお腹がすくとは限らない。座りっぱなしだし。お湯は手に入るからカップめんいいかも!!
駅や売店でも売ってるし。

モララサに着くのにカップ焼そば(UFO)を食いはじめるカズくん。いいね!!?

☆トイレットペーパーはないよ!
必ず持参!!
街中の商店ではティッシュやトイレットペーパーが1つ(10ロール)ずつ買える!!

☆朝·晩は寒いけど、洗面台は水のみ。がまん!!

☆食堂車に行ってみたり、うろうろしてた方が高度障害を出にくい。

☆着がえができるようなスペースは無いので、部屋着のようなゆったりした格好で。そのまま寝られるような。+ビーサンが便利!!

11:40 LHASAに到着!!!

上海4人衆にお礼とお別れを言って、列車を降りる。

駅舎を出たら、な、なんと観覧車が…!!

4000〜5000mでは何ともなかったのにすこーし頭痛。なんで??

外国人旅行者は改札を出ると近くのプレハブ小屋に連れていかれる。中はオフィスのようになっていて、外国人の入域管理局みたいになっている。

「タシデレ!!」
(チベット語でこんにちは)
と、根福のスカーフ、カタを掛けてくれる。

安楽様

待っていてくれた今回のガイド、王珂さん。
女性のガイドさん初めて!!
ポタラ広場の隣に住んでいるらしい。

チベット人のお姉さんがパーミット(入土許可証)をコピーしていた。

公安と同じ制服。
日差しの強いチベットでは警察の制服も幅広のつばの帽子つき。

ドライバーさんと合流してホテルへ。

「この後どうしまるか?ホテルで休んでもいいし、観光してもいいですよ!」

拉萨河古酒店

今日の宿はラサ河近くにある、「拉薩河大酒店」

普通チベットに着いたその日は一日、高度順応のためにゆっくりする。うちら2人が元気そうなのでこう言ってくれたみたいだけど、私は今さらほんのり頭痛があったので、とりあえず今日は休むことに。

2015 チベット 83

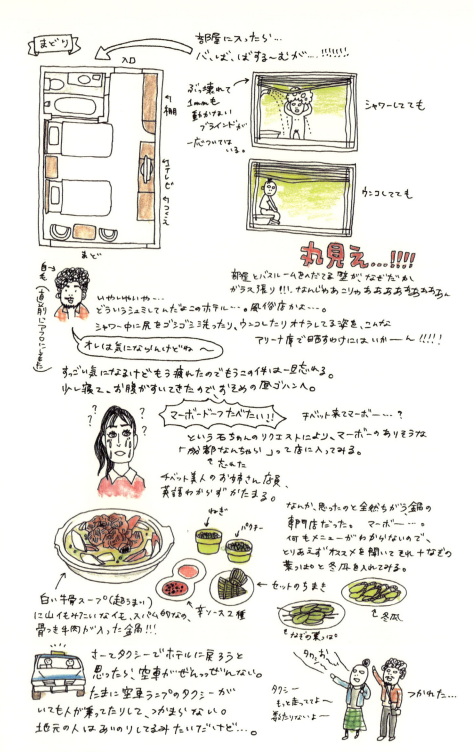

王さんが「21:00にポタラ宮ライトアップしますよ!!」と教えてくれたので、ホテルでタクシーを呼んでもらおうとしたら…。

店を出て街下をうろうろ。ラサに限らず、中国はどの街も小さな食堂やレストランが多い。どこも似たような店がまえ。

フロントのお兄さんは全く英語が話せない。iPhoneの翻訳アプリを使って、いろいろ教えてくれる。ホテルのカードに「客人要去布达拉宫」（このお客さんをポタラに連れてってね）と書いたものをホテル前で拾ったタクシーの運転手に渡してくれて、「タクシー代はせいぜい10元だから、それ以上払っちゃダメだよ!!」と教えてくれる。
言葉全く通じないけど、すっごく親切か～!!!

タクシーでポタラまで10分弱。
まだ7:00だったのでライトアップしてない。近所をうろうろ。

こ…ここは原宿…？
PUMA、adidas、NIKE、timberland…
スポーツショップが多い通り。北京東路。
前回と全然ちがうムード。

こんな店の前を、マニ車を回したチベット人のおばあちゃんが歩いていく。

道端でチベット人が1人、もしくは2人で手をDPきながら歌っている。前に置いた笠には、けっこうお金が集まっている。

極度乾燥（しなさい）
Super Dry
すごいロゴがししゅうしてある。
スーパードライ…。

ジョカン（大昭寺）前を通り、21:00頃、ポタラ宮を見に行く。
まだ明るいのでよく分からず。

中国はあんなに広いのに北京時間に合わせている。西の出端にあるチベットは21:00すぎてようやく暗くなる。

冬虫夏草 ⇒ 那曲冬虫草
（冬は虫、夏は花になる）といわれる。
チベットで採れる、昆虫に寄生するキノコ。漢民族に大人気の高級漢方薬。

たくさんあるこの看板は、鉄道でも通ったナクチュで採れた冬虫花草を扱うな。むちゃくちゃ多い。

チベット人用のオーダーメイドの服屋はアワワとか88とか99とか、店名に数字を掲げている店が多い。なんでだろ？？

2015 チベット 85

ホテル近くに果物の露店が出てる。
中国語とジェスチャーで買い物。
バナナ、ぶどう、りんご、梨をGET。

すいか、マンゴー、メロン、もも、ぶどう、
さくらんぼ、りんご、梨、バナナ、
梅みたいの、品揃えすごい。

梨の枝が
スッポ抜けて
爆笑するお姉さん。

バナナ甘い？
甘いよ〜!!

ホテルに戻る。
実はさっきから、フロントにある酸素カプセルコーナーが気になっていた!!
よくアスリートがやってるやつ!!
　コレが本物か…

ちょっとやってみたくなった酸素カプセル。
まだ少し頭痛があったので、せっかくだし
1体験してみることに。

酸素カプセルとは
←酸素

1人サイズのカプセルに入って中に酸素
を送り、気圧を上げる。
高度障害をやわらげる。
まさかホテルにあるとは…。
2時間で300元。私は1時間だけ
やってみることに。

担当の優しい
お姉さんが
説明
してくれる。

血圧、血中酸素濃度をはかる。 低血圧
血圧は上123の下82で正常値（私にしてはちょい高）だけど、心臓の鼓動が速い。
コレは水分不足らしい。あー確かに鉄道の後半はあんまり水飲まなかったかも…。
いや〜やっぱり高地では意識して水分摂らないと
いけないんだな…。

入りま〜す
ドキドキ

↓

中に入るとヘッドマイク
みたいのがあって、マイクっぽい
部分を鼻から3〜5cmくらいの
あたりに持ってくる。

小さな穴から酸素が出ている。

さっきのフロントのお兄さんが登場。
また翻訳アプリを使って訳めいして
くれる。

中は、タテも横もけっこう余裕がある。
マクラがあって、横たわるとブランケットも入れてくれる。
けっこう快適…。

顔の上に窓があって、ここからいろんな人がのぞいてくる。
泊まり客のおじさん（漢民族）ものぞいて笑っている。

「スタートしますよー」
いちいちケータイ見せてくれる

カプセルに空気が入り始める。
中の気圧が上がり始めると耳が痛くなるので…

「鼻をつまんで息をふいて」

耳抜きをしまくる。うーん…右は問題ないけど左が…。
私、スキューバの免許取った時も左だけなかなか抜けなかったんだよな…。

なんとか抜けて、落ちついた。
気付いたらカプセルの布がパンパンに、板みたいになっていた。
眠った方が効果があるらしいので仮眠することに。

パンパン!

「近くにいるから、何かあったら内側からOPいてね。」
「大丈夫??」

あーもうこのお姉さんとフロントのお兄さんすっごく優しい。
痛くない？大丈夫？ってすごい気にかけてくれる。

1時間後
おわり。ゆっくり中の酸素を抜いていく。
高度計を見ると、どんどん標高が上がっていく!!

| O₂制氧濃度 | 30 | 56 | 82 | 96 |
| 低気 | 常気 | 高気 |

制氧濃度とは、酸素濃度のこと。82%になってる、ぽい。

「よだれを飲みこんで」

エレベーターで上昇する時みたいに
耳がボワヘンとするので、アゴを開閉させたり、つばを飲みこんだりしまくる。
パンパンの酸素が抜けるまで、5分弱くらい。

「水をたくさん飲むんだよ〜」
〈イメージ〉
優しいお兄さんとお姉さんどうもありがとうございました!
これにて酸素カプセル終了。

いやーしかしすっごい元気になったぞ!!!
頭痛がなくなったどころか、このまま1日観光できるぞってくらい
超mm元気!!
酸素カプセルって、スポーツ選手が疲労回復のために入ったりするもんね。
やっぱすっごい効果あるわー!!!

2015 チベット

6.21

今日の1発目は **ポタラ宮!!**
前日、王さんからこんな連絡が。

→ 前回こんなこと言われなかったのになー。

「高度障害は大丈夫ですか？
明日は<u>サンダル、ミニスカート</u>禁止です。
必ずクツをはいて、ズボンかロングスカートで。
ロングスカートの場合中にズボンをはいて。」

しかし、今はガイドさんとLINEで連絡取りあう時代なのね…。
海外でも使えるように設定しとかんとなー。

王さんと合流して、
車で10分、ポタラ前へ。

↑既婚者がつけるエプロン「パンデン」

↑男性用。片方のソデを通さずベロンベロンとしとく。ソデがやたらと長い。

↑着物みたいなワンピース「チュバ」

→ ポタラの周りをコルラ(巡礼)する人たち。みんなバリバリの民族衣装でキレイ!!!

おばあちゃんたちのヘアスタイルはおだんごかみつあみ。
青や赤の布を編みこんでいて、2本のみつあみの先っちょを結んでたりする。

みつあみ

おだんご

男性でみつあみの人もいる。
1本のみつあみの先に赤い布が結んであるのを頭に巻きつける。

そしてついに来た
ポタラ!!!!!

88 2015 TIBET

ハイシーズンのポタラ宮見学は予約が必要。
個人ツアーは時間無制限、団体ツアーは
1時間で出てこなければならない。

今日取れた予約は9:00から。
朝8:30に入口に並ぶ必要がある。

← 扉にたくさんぶら下がっている
お守り。コレを額につけると
仏様と共にいる、
って意味がある。

ポタラ前にある何かの石碑を納めた建物の
前で、なんと結婚式の写真撮影をやっていた。
キレイだけど…キレイだけど！！！

窓、扉の装飾
すっごいキレイ！！！
← 白は純潔。
黒は魔除け
ぶ厚いカベに細長い窓。

「ポタラ」は**観音菩薩**のすみか
という意味
＝ダライ・ラマ法王の住居
ってコトですね。

巡礼の人はほとんどいなくて、もう
観光客ばっかり。
外、内の階段をどんどん上がっていく。

こうするとラクです！

王さんは、お尻の下を
手でおさえて
登っていく。
高所だから、少し
登っただけで
ハァハァする。

所々で疲れた観光客が
グッタリしている

建物の中に入る時、荷物チェックあり。

ポタラは7世紀、ありから都をラサに移した
吐蕃王朝により建設が始まった。8世紀に一度
ぶっ壊れたけど、17世紀 5世ダライ・ラマ法王
がモンゴルの力を借りて拡張、再建し、チベットを
統一。紛争の絶えなかった吐蕃王国が平和になった。
5世はデプン・ゴンパからポタラに移り、亡くなると
ポタラ上部の赤い部屋はお墓になった。
下部の白い部屋は歴代ダライ・ラマの寝室・事務所
になっていて、全部で999の部屋がある。

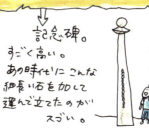

記念碑。
すごく高い。
あの時代にこんな
細長い石を加工して
運んで立てたのが
スゴい。

2015 チベット 89

階段は石と土。石に溝がついてて、すべり止めになっている。

あの特徴的な外階段のだんだんはこうなっている!!

く上から見たスロープ〉スロープは時々ナナメにでっぱりが走ってて、雨が横のドブ(?)に流れていくようになっている。

赤塗った木
カチカチにかためた赤土
しっくい
柳の枝を並べて固めたもの
夏は涼しく、冬は暖かい。
毎年雨期になる頃に補修する。
カベは毎年9月22日に塗りかえ。

カベにくっついてる棒と、もっこりしたやつ、馬をつなぐ所らしい。ど、どうやってつなぐんだろコレは…。

さていざ建物内部へ!!!

入口のカベでは四天王がバーンとこっちをにらんでいる。

※足 四天王
① 持国天（東）③ 広目天（西）
② 増長天（南）④ 多聞天（北）

↑多聞天はお経を守る神様。

オレ四天王スキだわ〜

釈迦が生まれて1週間後に母・マーヤーが亡くなる。毎年釈迦は亡くなった母のもとへ行ってお経レッスンをする。で、帰ってくる日が9月22日!!

げほげほ
マーヤーさんの私のイメージ

ところで、ポタラは水の持込禁止。（以前、ポタラ前でガソリンかぶって焼身自殺した僧侶 from 四川省がいたから）
なので、中にお湯入れてくれるマシーンがある。中をウロウロしてる消防の人も、頼めば水をくれる。ジュース（ペットボトル）を売ってる売店もある。

ポタラで今行けるトイレは最初の1か所のみ。出口のトイレはぶっ壊れて直し中。

今回持ってきたナルゲンのボトル。超頑丈&熱湯OKなのですごい便利。

90 2015 TIBET

本当はこの5000倍イケメン!!

すんごい太った白人のおじさんを英語でガイドしてたチベット人のすっごいすっごいすっごいすっごいすっごいイケメンのお兄さん!!!
ギャ〜カッコイイ〜!!!
LINE交換するか、もしくは結婚してくれ〜。

あ〜もう絵じゃ伝わらない！画力足りない!! もっとカッコよかったのに〜!!!

あっあっここ装飾がキレイですね え

うしろの風景を撮るフリしてお兄さんを撮る。

せめてLINE交換してくれ〜っ

お兄さんを見つめながら、また建物内部へ。

歴代ダライ・ラマの金ピカの像。ド真ん中にでっかく鎮座するのはやっぱり5世ダライ・ラマ。（チベット統一した人）

1代目から全員あるけど、現在の14世は、ない。

観光客が入る部屋はごく一部。だけど、それでも物凄い数の仏像、ダライ・ラマやツォンカパ像、立体マンダラ、霊廟を見ることができる。
もういちいち装飾がすばらしい…。
ターコイズ、さんご、めのう等の石に金!!!
すーっごいキレイ。

→中にミイラが納められている、ダライ・ラマ法王の霊廟。
やっぱり5世のはでっかい。
宝石がすっごい!!

チベットでは純金より合金の方が貴重。

感動…。

正直、都会になっちゃった街に囲まれたポタラを見て、あーもう中国に村になっちゃってるんだなぁ…って思っていた。ポタラのてっぺんにも中国の国旗がついてて、征服された感がすごくて。でも、中に入ったらやっぱりチベットだった。特に今も存命のダライ・ラマ14世が使ってた部屋とか、ここで生活してたんだって実感できて、泣きそうになった。歴代ダライ・ラマ像、霊廟、仏像が、ここはチベットだと叫んでるみたいだった。やっぱりここはチベットだ。

もうすっごい数の見所がありすぎて全体的にだいぶそう。うっすら。

〜ポタラの売店のびっくり商品〜

チベットの伝統舞踊の仮面のキーホルダー

iPhoneケース!!
うそだ〜!!?
←ちゃんとチベット風の木丹の柄

2015 チベット 91

ポタラの前には三池がある。この三池は元からあったんじゃなくて、ポタラ建設のための砂を運び出した跡地。ココからヤギの背に砂をのせて運び、ポタラを建てた。

〈イメージ〉「ラサ」の「ラ」＝ヤギ
「ヤギの土地」みたいな意味。

チベット人みんな唱えてる真言
オム マニ ペメ フン
読み方？？？

「オム」＝自分の心がひらく
「マニ」＝宝物
「ペメ」＝蓮の花
「フン」＝仏の心

仏教で大切なもの
仏・法・僧

チベットでは奇数がよく使われる。コルラ(巡礼)の回数も奇数。
人は1人で生まれ1人で生き、1人で死ぬものだから。

お寺の階段は、せまいからか、すんごい急。手すりのくっつき方もすさまじい。

ヤクのバターを入れたランプ
自分の照らすもの
(将来を)

私の体は私のお寺。
私の本尊は私自身。

ポタラを囲むようにマニ車が並んでて、巡礼の人たちが回している。

「サン」という松の枝みたいな植物を炊いている。

石ちゃんのアフロヘアーが大注目されている…。
チベット人 すんごい見てる。
ガイドの王さん「そんな頭の人はなかなかいません！」と、自分のスマホで撮りまくり。
アプリで加工してLINEで送ってくれる。

生活用品や仏具を売る露店も並んでいて、巡礼ついでに物色する人も多い。
警察が来ると、ちっごい勢いで片付ける。

92 2015 TIBET

ポタラ周りの茶屋で休憩。
すごくせまくて、小さなベンチとちゃぶ台が並ぶ

麺をつくる小さな
キッチン
ホール→
←パン、ポテト
をつくるとこ
↑のみもの

持って帰れるように？
衛生的な？？
ビニールに包まれた
皿にのった、
チベットの素朴なパン

でっかい…。

す〜〜ごくおいしい
辛いラーメン。
牛肉麺に似てるけど、
さつまいものツルツルもちもちな
麺がうまい。

平たくて
すき通った麺。

七味とうがらしのどっさり
かかったフライドポテト。
じゃがいもも店の前でふかしてカットして
揚げてるから、まずポテトが超うまい！！
とうがらしも合う！！！

こういう小さな茶屋が
たくさんある。

なんだこの
状況…。

←店内に鼻水たらした5〜6才くらいの女の子が入ってきて
いきなり怒り泣きながら「その麺ちょうだい!!!」
え〜っ!!? 今たべてんのに!!?
「パンならいいよ」と言っても「麺じゃないとヤダ!!!」
なんで急にこんな怒ってんの〜!!???ってくらいすごい怒り泣き。
もう泣いてるから、とりあえず麺をあげちゃった。丼ごと。
まじで何なんだよ〜 誰だよアイツ〜!!!

牛肉麺の麺　　さっきのと似た麺　　もっと幅が広くて
かたい麺

王さんも麺をうばわれたので、新しく今度は冷たい麺を頼む。3コも。
スープは同じだけど、それぞれバリエーション豊かな麺がおいしい。

なつかしい！！！
ヤクのヨーグルト！！！
濃くておいしい。
疲れも取れる
おいしさ。
酸牛奶

民族衣装の
かっこいいお母さんと子供たち。
子供にはカラをう…。

うちらをガン見していた
お兄さん

2015 チベット

ポタラを後にして、車で10分くらいの **ノルブリンカ** へ!!!

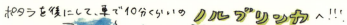

ダライ・ラマ法王の夏の離宮。
7世が建設を始め、以来夏の間は
ダライ・ラマ法王はポタラではなく
ノルブリンカで過ごした。

空すっごい。
雲が近くて空青い!!!

「宝の園」という意味!!!

ノルブリンカの中はむっちゃ
広いので、入口で20元で
車をたのむ。
敷地内を何台も走っていて、
タクシーみたいにつかまえて
乗る。中には動物園もある。

緑が多くて広くて、
のんびりしたムードで気持ちいい。
チベット人がピクニックしている。

いくつもの離宮が広ーい 敷地の中にある。
新宮という建物にある壁画が有名。
チベットの歴史を、部屋のカベ全面に描いたもの。
チベット人はサルと魔女の子孫らしいぜ…。

やる気のなさそうなネコがウロウロ。
ノルブリンカで生まれ育ったという
若いお坊さんが可愛がっていた。

壁画の説明を王さんが
してくれる。
が、聞いてる石ちゃんの目が
死んだ魚の目になっていた。

ノルブリンカの中心にあるのは、
14世の離宮。なんとこの離宮は
中国政府から贈られたもの。しかし14世はこの
離宮から、チベットを脱出することになった。

14世のファミリー用にアメリカ製の
今風バスルームがある。
そして、写真を持つのも禁止されて
いる14世の壁画がココに唯一
ある!!!!

日焼けどめ出すと…
ブギューッ!!
気圧のせいで
とび出してくる

石のベンチとテーブルがある所で休憩。
王さんが、しょうがと砂糖とぶどうの
お茶を作ってきてくれたので頂く。
甘くておいしい!!
王さんやさしい!!

気持ちいい…。

94 2015 TIBET

さて、ノルブリンカを後にして
すぐ向かいの西蔵博物館へ。
チベットの歴史、風土、文化を紹介している。けっこう混んでる。
→それぞれ展示室が分かれていてすごく広い。

いきなり親しみのあるカタチの壺が
女性の屋型。日本の縄文式土器
のようなモヨウがある。

昔のアクセサリー

昔の壁画。
ちょっとカワイイ鹿？

タンカコーナーでは
タンカを描くのに使う
鉱物も。

ネコ風

前見えない＆重い型

遊牧民の衣装シリーズ。
遊牧民は財産を全て身につけてないとイカンので、どうしても
こういう装飾ジャラジャラのスタイルになる。んーすっごいキレイ!!!

ブーツ

ガウ
けーたい仏壇

仮面舞踏で
つかう仮面

鳥葬でハゲワシを呼び
寄せるのに使う人骨の笛。
夫を先に亡くした女性の
骨を使う。

ベンチで休憩。
はーつかれた……。

博物館を出てまた車に乗ってすぐ
前回も来た、チャクポリ(薬王山)へ。

入口でツッツァを買う。
→泥(ねんど)を
仏像型の鋳型に押しつけて
金色にぬったオブジェ。

抹茶っぽい味

むっちゃ暑いし喉がすごい。
ので、王さんが緑豆のアイスを
買ってくれる。
緑豆は下熱や疲労回復の
効果あり。

マンゴーのクラッカー
もらう

チャクポリの摩崖名あり、
あいかわらずスゴい。

大きな石のカベに、
無数の仏が彫られた
もの。
昔、葬式でタンカを
飾れない貧しい人々のために
作られた。

→たくさんのマニ石が積まれている。
ヤクの頭の骨も。コレにも彫る!!!

待ま～
ハーイ

チャクポリをやっつけて、バルコルへ。
王さんが激疲れの顔をしてたので、バルコルは
2人でうろつくことにして、もらい木でもらうことに。

近場ばかりとはいえ、1日4ヶ所も
見学したらさすがに疲れた～。

2015 チベット 95

チベット人の
ムスリム多数。

ケータイ見てる

バルコル東にモスク「西蔵清真寺」がある。
その周辺はムスリムの人たちの市場になっていて すごい にぎわっている。

バルコルに入る細い道にはいちいち荷物チェックのコーナーが!!
でもほとんど、まともに見てない。

公安は20代もの若い人ばっかり。
バイトみたいだなー。
しかもみんなすごく陽気。

ポリバケツに まっ裸のにわとり。
みっち
こわい

すごい種類の野菜が売ってる。
パクチーとかの香菜、玉ねぎ、ネギ、ニラ、さとうきび、ビーツ、ブロッコリー…
5年前は じゃがいもとネギくらいしか見なかったけど…
どこで作った野菜なんだろ?? デパ地下よりいっぱいある。

どす黒い雨雲と、青空がクッキリ分かれている。
チベットの雨期は夜に雨が降って虹が出る。

こーんな大きい虹が毎日出まくる!!!
日本じゃなかなか見られない。

なんかチベットにいると、空というか、雲が自分の上にあるってのがよくわかる。
雲が近くて、奥行きを感じる。

せっかくなのでポタラ宮広場に寄って帰る。

ギャアアア
シャー

何の前ぶれもなく、突然すぎる噴水ショー。
フツーにコンクリの土地べたなのに、急に水がふき出て、近くにいた観光客が悲鳴を上げながら逃げていく。
びしょびしょになってる人多数。スピーカーから爆音で有名な「西蔵高原」の歌が流れて、メロディーに合わせて噴水が動きまくる。

2015 チベット 97

5年前とは比べ物にならないほど人も物も増え、大都市になっていたラサ

親切にしてくれた果物屋のおじさん

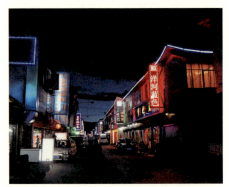

角を曲がると急に現れる、不思議なネオンの食堂街

夕方のポタラ。荘厳な佇まいと黒々とうねる雲に鳥肌が立った

98　2015 TIBET

ホテル近くの食堂街。
ココだけ急にネオンギラギラで、また異世界ムード。観光客はいない。
なぜか重慶料理の店が多い。

6.22

今日も寺めぐり!!
今日行く**デプン**寺と**セラ**寺では毎度、ショトゥン祭(ヨーグルトまつり)が行われる。

ホテルから車で30分弱。

ヨーグルトまつり…？

ヨーグルトぶっかけあったりすんのか？と思ってたら、夏の間お寺にこもって修行している僧侶にヨーグルトを差し入れしたことに由来するらしい。今はでっかいタニカをかかげてチベットオペラ(伝統舞踊等)をやったりするらしい。

入口の門のあたりにいた でっかいノラ犬(寺の犬？)に、王さんが昨日 ポタラ近くの茶館で残したパンをあげていた。
全っ然食わない。「パン、すが…」って反応。

建物の入口の床は、他の寺と同じように 赤土。本物のターコイズ、さんご、めのう、目玉石、宝石がたくさん埋めこまれてる!!

本物すごいキレーイ!!!

寺で修行する僧侶のゴハンを作る キッチン →

でっかい釜があったけど、今は 使ってない。
ほうれんそう〜も小さいナベで ゆでていた。
今、お寺で修行してる僧侶 800人分 つくる。

2015 チベット

日本人のおじいちゃんおばあちゃん軍を発見。
流暢な日本語でガイドしているおじさんは王さんの同僚。

お金と時間に余裕のある年配の日本人観光客はいっぱいいるけど、なんとそういう人たちはラサに着いてすぐ、点滴するらしい。
高山病対策で、いきなり点滴!! スゲー!!!

お堂の中でお坊さんが仏具を売っている。

← 星月菩提樹の数珠をGET!!
→ 小さい点が星。
← 1つだけあいてる穴が月
菩提樹の種らしい。
ほんとは白くてサラサラなんだけど、このお坊さんが2年ほどお祈りに使ったものなので、すこし渋い色合いになっている。
「もうこの数珠は生きているよ!」とお坊さん。
よし買った!!! 300元!! 高い!! けど買った!!!!!

← ポタラでも見たお守り。
青 空
赤 火 太陽
水 風
黄 土色

← 組みヒモでできたブレスレット。チベットの五大元素と同じように色によって意味がつけられている。
3本買ったら1本おまけしてくれた。

→ 顔の前に供えられていた "神水" 器にたくさん入ってるやつ
を支援するってんで、お坊さんが仏前から回収した神水をお参りの人に少しずつ配っていた。

コンニチワー
ほら 手に入れたのを少しずつくれる。

頭にペタペタとするとご利益があるらしい。

ものすごい混んでるお堂に入ってみると、でっかい弥勒菩薩の顔の頭が どーん!!とあって、お坊さんが菩薩の顔に金色の塗料（本物の金で作った塗料!!）をぬりまくっていた。
みんながお金を払うと金をさらに塗り重ねてくれる。
＝徳を積む。ぬりまくって、だんだん顔が大きくなってくる。

バターの灯明にバターを補充（お参りに来た人が持ってきたやつ。）していたお坊さんがしゃべる時は必ず口を手でかくしていた。
バターランプは神聖なものなので、近くでワーワーしゃべってはいけない。

おれのごはん！！

王さんがお店の冷蔵庫から勝手に出して飲ませてくれた、チベットの菊のお茶。おいしい！！

こんなの。

コレが あ〜〜〜っと食べたかった水ギョーザやぁ〜っ！！

しょうゆ、お酢（黒酢）、ラー油、にんにくおろし をつけて。

ギョーザは白菜、にら、ねぎ、豚肉など。どれも す〜んごい おいしい！！！！！

← そば湯、ではなくギョーザ湯。

うまいんだ…
なごりえね
泣くまで うまい…
ハハハ うまい
悩むほどうまい…

今回のラサで No.1 ゴハンがも きゅうり、ピータンをラー油、ごま油、さんしょう、ネギ、パクチーなんかで味つけしたやつ。コレに にんにくおろしを大量にぶっかけてたべる。うわぁあうまい！！めっちゃうまい。

まじでゴハン美味しすぎ！！
こんな店東京にできないかな〜！！！あー毎日たべたい！！！

ジョカンへ！！

顔もキメキメ。

屋上。雲と空と山の すごくキレイ。雲の影が山肌にクッキリ映っている。この山はヒマラヤ山脈につながる 聖なる山。

漢民族の観光客はみんなもうこっ恥ずかしくなるようなポーズを決めて写真を撮る。
大人も子供も。

ジョカンの屋根はキレイな明るい金色。この金が青い空に映えてすごくキレイ。

金の粉と水銀を混ぜて作った塗料を使っているので黒ずまない。

102　2015 TIBET

デプンゴンパの空。とにかく青い

セラゴンパで問答をする僧侶

夏のチベットは夕方になると雨が降る

バルコルの奥のムスリムの市。チベット人ムスリムもたくさんいる

ジョカンを出て、王さんに日本円を中国元に両替したいとお願い。
ホテルでもやるのかなーと思ってたら、王さん、どこかに電話。
「セラ寺に行く途中に両替屋さんが待っててくれます！」えっ!!?

街をうろうろしている両替屋さんにTELすると、
近くまで来てくれるシステムらしい。
レートはそんな良くも悪くもない。
でも移動途中に寄り道しないで
済むからラクちん。

こっちは車に乗ったまま、
窓ごしにやりとり。

ラサ中心地から10分くらい。　日本の僧侶、河口慧海、多田等観も修行していた寺。
セラ・ゴンパへ。　　　　　　　　　　(かわぐち えかい) (ただ とうかん)

参道のスーパーで
冷たい水を買う。
すごく天気良くて
暑いから、高山病だけ
でなく熱中症対策にも
水分大事!!!
おしゃれなパッケージの水。

参道で、おばあちゃんが小さな
お土産屋をやっていた。
デプンゴンパで買った数珠に
つけるカウンターを購入。

こうつける↑

じゅずの玉を1つ1つ
ピッピッして一周したら
ビーズを上にずらしていく、
何回ピッピッしたか
かぞえる道具。

セラ・ゴンパの見所といえば
15:00から始まる **問答**!!!

問
答

2人1組でペアになり、1人が質問、
もう1人が (論理的に) 答えるってのを
くりかえす、仏教の修行のひとつ。

答える人は土の上に座り、問う人は立って
大きなうごきで手を打ちながら、叫ぶように
質問していく。このアクションは魔を払うため、
数珠を持っているのは仏の力をかりる
　　　　　　　　　　　　　　　　ため。

広場でたぶん100人〜200人くらいの
お坊さんが問答しているので凄い
大さわぎ。
ベテラングループあり、サボってる人ありで
　　　　　　　　　　　　　　おもしろい。

← スゴいのは…

ぐりぐり

前回も見た、馬頭観音。すっごい迫力!!!!
お参りのチベット人がむっちゃ並んでて、一緒に
並んでみる。
馬頭観音の下のカベのくぼみに5秒くらい
頭を押しつけてもらって 終る。

104 2015 TIBET

続きまして、またラサ中心部に戻り **ラモチェ** (小昭寺)へ。
ラモチェはジョカンのすぐ近く、バルコルのない北側のお寺。
7世紀、当時のソンツェン・ガンポ王に唐から嫁いできた文成公主が建立したお寺。

「ラモチェ今日行きますか？つかれてたら明日でもいいですよ…？」「今日いきたーい!!」

「コレ行きますか？」「アレ見ますか？」ってのを、うちら2人は
ぜんぶ「行きたーい!!」って言うもんだから、王さんヘトヘト。
すみません元気で…。

- 緑ターラー — ティツン王妃 化身
- 白ターラー — 文成公主 化身

↑ 21人姉妹のターラーの中で有名な2人。

ラモチェは私の大好きな
女神「ターラー」の絵が
たくさん!! わーい わーい

お堂のかべは修復作業中で、
ブルーシートをぺろんとめくってみると
美しいターラーの壁画 (の描き途中)
がたくさん!!!

お堂

← お堂を囲むように
コルラ (ぐるぐる) 用の
道が作られている。
片側はズラ〜ッと
マニ車。お堂側の壁には
ターラーが千描かれる。

お坊さんは をはかない。
↓
お釈迦様がパンツをせんたくして
干していたら、よその女が盗んで<u>妊娠</u>
したので、もうパンツやめた。

なんだこの話…。

私のリュックについていた
ココペリ(ネイティブアメリカンの
旅を守る精霊みたいの)の
人形を見た漢民族夫婦、
「ドラえもんだ!!」ちがうよ!!!

王さんのはなし
中国は他の国と教え方が違う。
9.11の時も、各国の新聞がテロの
記事をトップに載せたのに、中国
の新聞は自国の全く関係ない
記事だった。
こんなんだから、中国には本当の
友人の国はない。

ラモチェの周りもバルコルのような商店の
並ぶ賑やかな通り。
お疲れの王さんと解散して、2人でうろうろすることに。買い物ー!!!

コルクの栓

中国っぽいドラゴンの柄がプリントされてて、絶妙なチープさ!!
前回からちょっと欲しくて、ついに買ってしまった。
かさばる〜!!
あけると…
チベット人がお湯やバター茶を入れるのに使ってる
プラスチック(中は金属)のポット。

2015 チベット

ジョカンの屋根には金色に輝く法輪と鹿が。青い空とのコントラストが美しい

ラモチェにて。マニ車の並ぶ巡礼路をコルラするおばあさん

おみやげにカップラーメン！

中身→

ヤクの肉のビーフジャーキー。八角が効いてておいしい〜!!! けっこう高い。お店の人が親切だった。

← ヤクのミルクのアメの詰め合わせ

バルコルに流れると、昨日も居た「お金ちょうだい」の美人の女の子がまた来た。あんまりカワイイので写真とらせてもらった。どうにか物乞い脱却してくれるといいな。

バルコルのはずれにある小さな食堂で、チベット最後のディナー。

コレで15元なり。

← 食器やハリバシは専用の機械で消毒されている。どこの店もそうだから、すごく安心。

牛肉面!! うおおおおすっごいうまい〜!!!!
沖縄そばみたいな麺、うすぎり牛肉と、八角やら山椒やら効きまくりの辛いスープ。さいこー

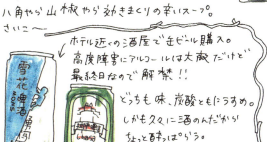
ホテル近くの酒屋で缶ビール購入。高度障害にアルコールは大敵だけど最終日なので解禁!!
どっちも味、炭酸ともにうすめ。しかも久々に酒のんだからちょっと酔っぱらう。

↑ 初めて見たビール　↑ 前回も飲んだビール

店の中にもお金ちょうだいのおじさんが入ってくる。

みんなけっこうあげてる。

自撮り棒を売るおばさんも入ってくる

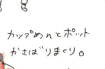
カップめんとポットかさばりまくり。

旅行に行くといつもそうだけど、荷づくりができない。ベッドの上でぼーっとしたまま30分。

2015 チベット 107

6.23

朝まだベッドで寝てたら急に部屋のドアが開いて「うわっ!!」ってきこえて、あわてて閉められた。他の客がまちがえて入ってきたっぽい…けど、カードキーあるのになんでドア開いちゃうんだ…

バルコル近く、昨日の夜牛肉面を食べた店のはす向かいにある、お土産屋のブースがたくさん入ってる建物へ。昨日デブンゴンバで買った数珠のヒモがゴムだったので、王さんが「もっと強いヒモにかえてもらいましょう!」と提案してくれた。

確かにコレじゃいじってるうちにすぐ伸びちゃいそう。

数珠をカスタマイズしてくれるブースがあって、お兄さんが新しいヒモにかえてくれる。ビーズがたくさん売っててついつい見ちゃう。

ほんとは数珠につける飾りをGET。ピアスにしようと思って。

20分くらいで作業終わる。伸びなくなったかわりに、親玉の位置を調節できるパーツをつけてくれた。この一連の作業、なんと無料!!!

親玉 →

支払いはLINEでできる中国おそるべし…らしい。

土地元のチベット人も物色している。

星月菩提樹の玉が108コ入った、数珠用パック。

隣のブースで、昨日のランチで飲んだチベットの菊のお茶が売っていた。買いました。

王さんも自分用のNEW数珠をつくることに。星月菩提樹のビーズに、ネパールっぽいターコイズとさんごのビーズをアクセントに入れて、黄色いめのうの親玉。

カッコいいじゃないですか

ビーズ好き女子2人でアレもいいコレもいいと盛り上がる。

数珠を作ってもらってる間に近くの公衆トイレに行った後、チベットの土地元民(あんまり裕福でないチベット人)の住むアパート的なとこをチラ見。シャワーはないので、近くのシャワー屋でたまに体を洗うらしい。空気も乾燥してるし、そんな臭くならないよなー

石ちゃん置き去り

108　2015 TIBET

数珠の後は、王さんのガイド仲間がやっているタンカ屋さんへ。

チベット人。
英語専門ガイドさん
お茶も出してくれた。

キャンバスの下地やの石膏に混ぜる"牛胆"みたいな名前の材料。
透明でベトベトで水あめみたい。
「くさいよ〜」って言われて嗅いでみたら…
吐くかと思った…

→こんな字だったと思うけど忘却。

すべて天然素材で描いてて、とにかくキレイ。
金色でぬられた土色にうっすら細かいモヨウが
←入ってるのキレイですねぇ、と言ったら

「プレッシャーストーンを使うんだよ！」
石でできたペーパーナイフみたいのを見せてくれる。金をぬり、下から熱しながら
プレッシャーストーンの先っちょでモヨウをゴリゴリ描いていく。

入口でタンカを描いてるお兄さん。
キャンバスを、天井からヒモで吊り下げて描く。

この人もガイドをやってるけど、ガイドが嫌になってタンカを描いてる。

あ〜 もう次にチベット文化圏に来るときは
おこづかいをどっさりタンカ用のお金持ってこよ!!
大きくてキレイなのが欲しいな〜。

ラサ最後のごはん。
デパートの中の食堂に行ってみる。

4Fかに、王さんのギターの先生が営む広州料理のお店へ。

テーブルについてお茶飲んでると、なんか
足元がもぞもぞする。
テーブルクロスをめくってみると…
テーブルの下に犬がいて、こっちを見ていた。

石ちゃんの「花生猪脚飯」
豚足とピーナッツの甘煮みたいの

←玉子スープ

ちんげん菜いため

辛みそがのったごはん

なぜか心ずうすい皮ときゆで玉子

私の「回鍋肉飯」
ホイコーロー。辛くておいしい!!!
モリモリあっという間に完食。

最後までゴハンがおいしくて
ほんと満足!!!

2015 チベット 109

閑散としたデパートの中を
さっきの犬がうろうろしている。
チベットの人はデパートで買い物する習慣がないので
なかなか客足が伸びないらしい。犬はいるのに。

空港へ。ラサゴンカル空港は街からだいぶ離れていて、
新しく出来た高速を使っても1時間半くらいかかる。

今日は少し雨が降っていて、郊外に
行くと霧が出ている。
山が水墨画みたいにグレーにぼやけてて、
手前の菜の花畑が満開。きれい。

王さんは仕事を定年退職してフリーのガイドをやっている。
「子供も独立したし、若い頃やりたくても出来なかったことをこれから全部やります！」
シュミはギター。「いま若者と暮らしてますけど、若い人といるとこっちも元気になります。」
ラサに住んでるけど、成都にも家がある。2つの家を行き来しつつ好きなことを
やって、人生を謳歌している。

山を越えると空港が見えてくる。← 空港に入るための検査
前回は空港の入口に荷物検査があったので入口まで見送りに来れたけど、
検査コーナーが手前に移動していて、10mくらい前のタクシープールでさようなら。

30分くらい遅れて搭乗開始。さらに30分遅れて離陸。

結局、北京に到着したのは
夜の11時。
荷物をピックアップしたら、
空港ホテルのドライバーさんと合流
して、ホテルへ。

むっちゃフツー、っていうか
部屋着？って格好の
ドライバーさん。

ホテルはすごいキレイで大きい。
フロントで明日のバスの時間を確認して
チェックイン。

明日の今頃はもう
フツーに家だなー。
つまらんなー。

荷づくりして就寝。

6.24

第3ターミナル行きのバスに乗る。昨日はまっ暗で何も見えなかったけど、
北京の街も面白そう。小さい食堂とかいっぱいある。
次回は歩いてみたいなー。

コーヒーとか飲みたいけど、
中国の空港のカフェってほんと高い。
ヒコーキ乗るまでがまん。

09:25 定刻通り離陸!!!
バイバイ大陸!! 中国!!
謝々〜!!!

チベット旅をまとめ
おかわり〜！

今回はほんとーーにラサをエンジョイしてきた！
お寺ではチベットの歴史や小ネタを色々教えてもらい、街中では
自分たちで自由に歩いて、買い物して、食事して、現地の人にはヘタな
中国語で会話もして…。
鉄道も前回よりずっと楽しんできた。ガイドさんがいて良かった部分も
自分たちだけで良かった部分も、どっちも楽しんだ！
チベットはずーっと楽しくずーっと快適で、ずーっと美味しい場所になっていた。
これは中国によるものなんだけど、やっぱり苦しんでるチベタンも多いし、
でも 都市化の恩恵を受けてるチベタンもいて、複雑です。
しかし、フツーに旅行に行く分には不便も感じずストレスなく
楽しめると思う。高山病対策してまた行くぞ〜！！
ありがとう、チベット！！

112 2015 TIBET

青空に幕をかけるように、黒い雨雲が広がっていく。ラサの夕方の風景

インド基本情報

首都
ニューデリー
New Delhi

ビザ
必要。取得方法が頻繁に変更されるので大使館ホームページか旅行会社に要確認。

言語
ヒンディー語のほか、多くの言語がある。デリーでは英語交じりのヒンディー語を使っている。地方では英語が通じないことも多い。

通貨・両替
インドルピーは国外への持ち出しが禁止されているため、現地でのみ利用可能。お釣りのない店が多いので、細かい紙幣にしてもらうこと。

鉄道・交通
トイレはあまり清潔ではないが使える範囲内。洗面台は貧弱。お菓子やチャイは売りに来てくれる。食堂車はある時とない時があるそう。荷物の盗難が多いので、必ずチェーンをベッドの脚に結んで奥に隠すこと。チェーンは鉄製のものが駅のホームでも売っている。貴重品は身に着けて寝ること。また、出発時刻の遅れは当たり前と思うこと。

Wi-Fi
カトマンドゥほどではないがある。ホテルやカフェなど。有料の場合も多く、繋いでも不安定なところも。

停電
地域によるがある。大きいホテルは自家発電をしているところが多いが、ライトを持っていると安心。

トイレ紙
ネパールと同じく水道の水と手で洗うシステム。なので石鹸はだいたい置いてある。大きめの飲食店やホテルには紙がある。

お湯
出るときと出ないときがある。最初は冷水でもしばらく出しっぱなしにしておくとお湯になることも多いので諦めないで。

その他注意
ダラムサラやダージリンなどチベタンが多いエリアは平和。デリーも陽気で親切な人が多いが、中には変態、スリ、嘘つきなども多いので気を付けること。荷物の管理や支払いで油断しないこと。街中にはスーパーやゼネラルストア、薬局も多くだいたい何でも手に入るが、アルコールは酒屋でのみ購入できる。ビールは瓶の場合が多いので栓抜きがあると便利。

おすすめ持ち物
デリーは時期によってはかなり暑いので帽子や薄手の長袖などの日よけグッズ、除菌ウェットティッシュやトイレットペーパーなど。またデング熱対策として虫除けスプレーなど。ダラムサラ、ダージリンは寒いので厚着を。

※私が行った時期、エリアでの実体験から得た情報です。

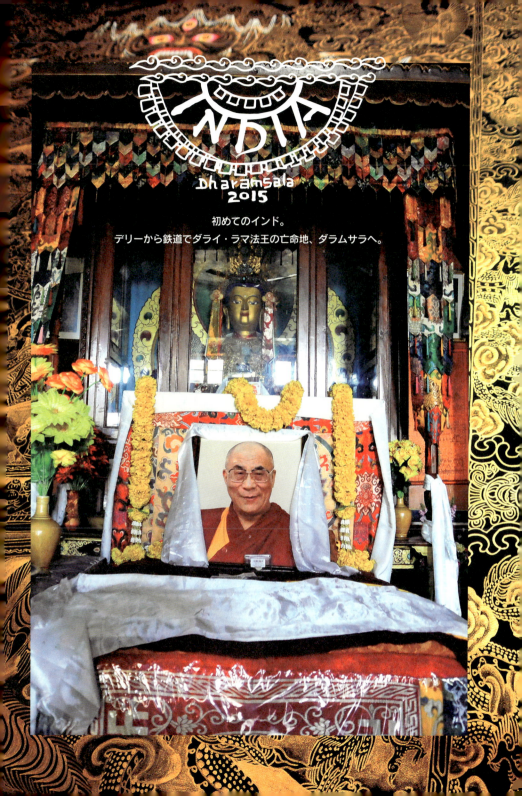

2015.10.18 初インドへ。

朝7:30 出発。成田へ

今回も付きあってくれるのは名人!!

17:30 AIR INDIA AI307
デリーへ出発!!!

わーいわーい ずーっと乗ってみたかったエアインディアだ〜!!!
← 窓のデザインかわいい

エアインディアのCAはサリーを着て「ナマスカール!!」って迎えてくれる、ってガイドブックに書いてあったから楽しみにしてたんだけど…

← 現実

サリー着てない。顔もこわい。

ギャレーからいろんな音がきこえる…何か金属を打ちつけてる音、細かいものをバラまいたような音…な、何をしてるんだ…

インドっぽいデザート　野菜スティック　機内食
ロールパン　ほうれん草のチキンカレーと、なんか辛い野菜カレー

コーヒーも配ってくれる。

左上のインドっぽいデザートは、カルダモンの香りのヨーグルトっぽい白い液体の中に、細〜いにんじん（たぶん）が入ってて、すごい甘い。

シュー
出しっぱなし。機内まっ白。

もうすぐデリー到着!!って時に、CA数人が謎のスプレーを噴射しながら歩きだした…ほのかに良いニオイがするけど、何だろう？お香？お清め的なの？？

17:02 予定より20分おくれで
Delhi 到着!!
INDIA 初上陸!!

116　2015 INDIA

イミグレーションを抜けて、両替屋へ。
インドルピーは国外への持ち出しが禁止なので
現地でしか両替できない。

ご、70,000円両替して、34,706ルピー。
細かいの無いみたいで（空港なのに…）
6ルピーをカリ捨てられて34,700ルピー
受け取り。

すごい厚さ…。

だいたい1ルピー2円くらい。うーん円安だ…。

空港の近くには超キレイな高級
ホテルがたくさん建ち並ぶ。
我々はデリー市内の
"SK premium PARK"へ。
まだ19:00なので、外に出てみる。
ホテル周辺にはあんまりお店とか無さそう
だけど、5分くらい歩くと にぎやかな
商店街を発見。

空港出口でガイドのグピタさん
と合流。
ブッダガヤー出身のヒンドゥー教徒。
日本には来たことなし。

この時間はインドの女性もあんまり
外歩きません。
自分が気をつければ危険な所も安全に、
気をつけなければ安全な所も危険に
なります。
スリもいるからね。あとデング熱も流行って
ます。気をつけてね。でも散歩してみて。ぜひ。

外うろうろしてもいいか聞くと
こう言われる。
やっぱりデリーは今までイテった国
の中では緊張感ある。

小さい専門店がたくさん
並んでるところ、せまい土の道を人、車、
犬、バイクがガンガン進む所、なんだか
カトマンズに似てる。
初めて来た外国ってかんじ、全くなし。

染めもの屋さん。
鮮やかなピンクやら
ブルーやらに染まった布が
干してあって、店先で
お兄さんがナベで
布を煮ている。

インドはナチュラルコスメ天国。中でも庶民的で
手に入りやすいのが「Himalaya」シリーズ。
往々中のドラッグストア（むっちゃある）に売ってる。
リップバームを購入。

でっかい三輪のリクシャー型 台車みたいの
がぶっ倒されて、中の土がぶちまかれた
まま放ったらかし。ノラ犬がまわりを うろうろ。

路上で何か揚げ物を
売ってるおじさん

インド1日目、終了。

2015 インド 117

10.19

まずはニューデリーのちょい南の方、
おしゃれショッピングスポット
ハウスカーズ ヴィレッジ へ!!!
"Hauz" "Khas" "Village"
(湖) (特別)

そもそもハウスカーズはムガル帝国
時代の遺跡で、その外にオシャレな
マーケットが広がっている。

景観がイイからか
撮影(結婚式もの、
テレビetc)してる
人々多き。

インド人は写真撮る時キメキメ。

10:00、チェックアウトしてグプタさんと合流。
今日はデリーのベタな観光の予定!!!

← よく見ると、野菜をたくさん積んだ
小型トラック。

道はけっこう混んでる。

← インドの自動車メーカー "TATA" の。
派手なデコトラは全部TATAっぽい。

ジュースのパックを再利用した
フラットポーチ。サイフに。
ココもお釣りがなかった。
用意しとけよ。

他は ニオイのキツいオシャレコスメの店。

あと行きたい店もっとあったけど
つぶれて(?)たり休みだったりで断念。

ところどころボロい店もあるけど、基本的に新しくて、オシャレでキレイ。
カフェ、レストラン、雑貨屋、服屋、まぁ、女子向け。
カベにはオシャレなグラフィティがたくさん。楽しい所でした。

その後は「フマユーン廟」へ。タージマハールのモデルになった建物らしい…

「フマユーン」はムガル帝国2代目の王様です。階段から落ちて亡くなった
時に、奥さんが造らせたのがフマユーン廟で、デリーの3つの世界遺産
の1つである。(あと2コは ラールキラーとクトゥブ・ミナール)
フマユーンはアフガニスタン人です。

一緒に行かないんだ…

いいですね、じゃー私はココで待ってますから見学してきて下さい。
50分後に戻ってきてね。ハイ行ってらっしゃい!!

そんなワケで2人でフマユーン廟を見学。

白い部分(大理石)と赤い部分
(赤石)のコントラストが美しい。
何も塗ってない石の色。

フマユーンのお墓を囲んで地元の中学生の集団が座っていた。先生が手をキツネっぽくして生徒に向けてて、コレどういう意味か生徒に聞くと、「口を開いて耳をかたむけて」ってコトらしい！！へぇ〜！！！

インド人ファミリーに「一緒に写真撮って！！！」と頼まれる。石ちゃんは握手まで頼まれる。どうしたの？うちらスターなの？？グプタさんに言うと、外国人を見たことがないインドの田舎からの観光客らしい。帰って友達に見せたいんだって。

続いて、土産物がいっぱい揃ってるバザールへ。

← ブロックプリントのハンカチ大量購入。インドといえばコレですよね。

カワイイ〜！！

最初1枚400ルピーだったけど、いっぱい買うからどうにかせい！！と言ったら1枚250ルピーになりました。

バザールの次はまた買い物！！！ニューデリーのオシャレ高級店が集まる<u>カーンマーケット</u>へ！！！

カーンマーケットは駐妻（チューヅマ：駐在夫人）がたくさん来る所ってだけあって、外国のコスメやブランド店も多い。オシャレな上質インド雑貨店セレクトショップも多数。そんな中にフツーのボロい八百屋から本屋、ビデオ屋、日用品なども混在してて、ハウスカーズヴィレッジこそうだけど、オシャレに徹底されてないかんじが面白い。ノラ犬もいるし。

石ちゃんがずーっと欲しがっていたガンジーのTシャツをGET。早速、次の日から着用していた。良かったね！

こんにてデリー前半戦も終る！！

ダラムサラへの夜行列車に乗るため、<u>オールドデリー</u>へ向かう。

ドローンも売ってる

インドマダム御用達コスメとか。

仏頭果
ドラゴンフルーツ
フルーツもいっぱい！！

グッピーの自撮りを何枚か見せてもらう。ほぼ全面にグッピーが写ってて、風景、ぜんぜん見えず。そして全く笑ってないグッピー。

↑
四肢のうち右手しかないお兄さん。台車に乗ってサンダルを右手にはいて頑張って進んでいく。

↑
ヒジから先で手首がはえてるおじさん。もらったお金は指の間にはさむ。

帰宅ラッシュにぶつかって、渋滞している。車が止まっていると、障害者の物乞いが窓をDP。お金をあげると「Thank you」とおじぎをしてまた次の車へ。ああ、インドだな…それなりにショッキングな光景だ。
生まれつきの人もいるし、事故で障害を持ってしまう人も多いらしい。

オールドデリー駅へ。

駅前の広場から駅の中まで、物凄い数の人が待っている。みんな布広げて寝たり、輪になって座ったり。布団敷いて寝てる奴もいる。うおぁ!!!すごいカオス!!オールドデリー駅!!!
ホームとホームの間は線路が5本くらいある。みんな平気で線路におりて渡っていく。線路のど真ん中でタバコ吸ってるおっさんもいる。で、線路のスキマの土に穴がたくさんあって、ネズミがめっちゃ出入りしている。

「線路に人が立ち入ったため」電車が止まる国から来ました…。

こんな大量のネズミ初めて…

寝台車は「スリーパークラス」って言うらしい。

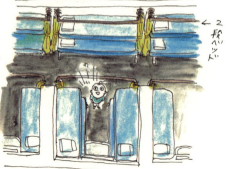

← 2段ベッド

インドの列車は中国のように部屋っぽくなってない。
廊下をはさんで片側に2段ベッドが直列に、もう片側は並列に並んで、カーテンを閉めると一応4人部屋みたいになる。私とろちゃんは並列の下の段。グッピーは上の段。

窓。

小さなテーブル、コンセントもあるから充電もできる!!
20分おくれぐらいで出発。ダラムサラへ!!

チャーイチャーイ チャーイチャーイ チャーイチャーイ

紙コップと、でっかい水筒を持ったチャイ売り。車両を行ったり来たり。

食堂車に行ってみたかったけど、あったり無かったりするらしくてよくわからず。

バケツにペットボトルの水をたくさん入れた水売り。

こっちもバケツにいろんなお菓子をごちゃ混ぜに入れてるスナック菓子売り。

120 2015 INDIA

洗面所

すごい小さな手洗い場がある。でもこの蛇口がクセモノで…。

先っちょのカッコを上にグッと上げると激しく水がとび出す。服ビショビショ。

片手ずつしか洗えない。せめてフツーの水圧で出てくれ！！

トイレ

トイレはMとつの車両に2カ所。片方は洋式、もう片方は和式。
インドの人もネパールと同じく、お尻は水で洗うので水道＆手おけがある。紙はナシ。
めっちゃキレイではないけど、フツーに使える。
しばらくすると、紙袋に入ったシーツが配られる。
なぜか2枚入ってるのでどっちも敷いて寝る。
うすくて硬い毛布、これまたうすい枕、どれも中国よりボロいけど、そんなに汚いわけじゃない。思ったよりずっとキレイだし快適。
2時間くらいウダウダしてから電気消して就寝。おやすみなさい…。

カバンはベッドの奥下に入れて、チェーンで固定する。
貴重品はベッドわきの網棚ではなくて、身につけて寝る。
グッピーからめちゃめちゃ注意された。

FEROZPUR DIVISION
Northern Railway

10.20

6:40頃、パタンコットに到着！！！
ドライバーさんと合流してダラムサラに向かう。

まだ全然停車してないのに勝手にドアを開けるグッピー。
おいおい！
みんなせっかちすぎ！！！

2人とも眠くなってウトウト。寝心地悪いと思ったんだけど、最終的にヨダレたらして寝てしまった。
いつの間にかぐねぐねの山道に入ってて、体が揺さぶられて起きる。

←ヒマラヤがどど〜んと！！！
うおおお！！！

まだ寝てる

ふと窓の外を見ると、遠くにズラ〜〜〜ッとヒマラヤの山々が！！！うわー！！！
外を歩く人、チベタンが増えてきた！！わくわく！！！

パタンコットを出て3時間、Dharamsala到着！！！
※Dharamshalaって書いたりこう書いたりしてる。どっちが正解？？

今日から3日間お世話になるのは"MEGHAVAN HOLIDAY RESORT"というホテル。
3階の景色のいい部屋に決めて、ちょっと休憩。

2015 インド 121

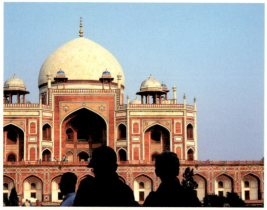
フォルムも色も美しいフマユーン廟

遺跡の中でギター

繊細なイスラム建築

リヤカーに乗せすぎた荷物が線路に落下。みんなで降りて拾う

小さなベッドが並ぶスリーパークラス（寝台車）

駅舎の中ではみんな地べたで爆睡

2時間ほどウダウダして、グッピーと集合。近くのローカルな小さい食堂へ。

「マギー」 具なし。

「プラタ」

「名前不明」

インドの代表的なインスタント麺、もちろんマサラ味。
なんかスッッゴイ美味しいんだコレ。
でもこれ、鉛が入ってたとかで回収されたりしてたな…。

コレは食べたことある!!好き!!
じゃがいもとスパイスを中に入れて焼いた、なんかチャパティに似た丸くて平べったいの。
おいしい!!大スキ!!!

唐辛子やらじゃがいもからの野菜の漬け物。あ、コレピクルスか!!
けっこう辛い。しょっぱい。しょっぱすぎてちょっと、口から出そうになった。
プラタに乗せて食うらしい。

ホテル＆食堂のあるエリアから山をすこし登ると"Bhagsu Water Fall"があるというので行ってみることに。

もともと山の中だから、すこし上に行っただけですごい風景。

また少し登ると、谷底の川でチベットのお坊さんが水あびしていた。
えんじ色の袈裟が岩の上に広げて干してある。
鮮やか!!!

ホテルから15分くらいで滝に到着!!!

西洋人の観光客がたくさんいる。
滝の前の岩場を占領。
ぶよぶよのおじさん、おばさんもみんな水着になって水浴び。
すげぇ…。

滝つぼ近くには虹がかかっている。
滝の上にはタルチョが。
ヒマラヤの雪解け水なのかな?
すっごくキレイで冷たい水。

2015 インド 123

マクロードガンジのすぐ手前に、チベットタンカのお店が3軒並んでいる。
その真ん中、チベタンのお母さんが1人、入口で絵を描いてる店に入ってみる。

キレイなお母さんだった

2人ともタンカは欲しかったので色々見ていると、小さなイスを出してくれたのでゆっくり物色。
すっごくキレイなタンカをたくさん見せてくれて、決めたのはA3くらいのサイズの 六道輪廻(りくどうりんね)の絵 7000ルピー、A4くらいの四部医典の絵 1000ルピー。

ダラムサラ、チベットやネパールよりタンカ安い!!!

チベット医学の教科書のようなもの。全てのページがタンカと文章を組み合わせた図になってて、すごくキレイ。その1ページの絵。

人間の輪廻の図。前世の行いによってどこへ行くのかが描かれている。欲しかったんだコレ!!

屋台の土産物屋さんが並ぶ通りを抜けて、ジョギワラロードへ。
ここに、ず〜っと行きたかったお店があるのだ!!!

『つなぐカフェ』
TSUNAGU CAFE

以前受けたチベット語講座で一緒だったTさんのお店。(日本人)

Tさん(たけしたさん)

チベットから亡命した人を支援するチャリティーポストカードの絵も
頼んでくれた人。私が描いた原画も飾ってあるハズ。そしてポストカードも売ってるハズ!!! や〜〜っと来た〜!!!!!

タケシタさんは日本にいるから不在。チベット人の女の子が店番していた。

チャイで一服。
甘さ控えめで優しいあじのチャイ。

あった〜!!!ワシの原画や〜!!!!!
左上にダライ・ラマ法王(若い頃)がうどん食ってるみたいな写真があるし!!ちょっと感動。ハガキも売ってる!!!

インドのワイン "SULA" 赤の小ビン。お土産に。酒屋にて。

石ちゃん念願の珠数GET。
め〜〜い!!

FREE TIBETのステッカー。ダライ・ラマ法王がいるやつ。

ガイドブックにも2ページくらいしか載っていないダラムサラ。
とにかく地図が欲しい!!!ってコトで本屋でGET!
つなごカフェでも手描きの地図を5ルピーでGET。
これで安心。

←ダライ・ラマ法王が表紙。
病院から公共施設からの連絡先が
載っている冊子のうしろに地図がついている。

10.21

 さあ今日もダラムサラ探検だー

車で山道をずーっと下っていく。
マクロードガンジも過ぎて、Lower Dharamshala へ。

ガタガタ、ぐねぐねの細い山道を走っていると、お坊さんが
チラホラ。何人かでおしゃべりしながら
歩いてる人もいれば…

そう、ココは僧院の近くなのだ。その名も

「Tsechokling Monastery」
カッコイイ看板!!!!

犬がまわりうろうろしてて、
1人で勉強してるお坊さん。
静かでキレイな森の中で気持ち
よさそう…

←窓越しに
目が合うと
笑顔で合掌
してくれる。

敷地の中にはたくさん建物があって、だいたいはお坊さんの
住居だった。1人1部屋あるらしい。

←ワンルームのアパートがたくさん並んでるようなかんじ。
全部チベット風の建物。
白くてキレイ。

←そんな大きくはないけど
お寺もある。(当たり前)

←犬がたくさんうろうろしている。
そのうちの1頭、黒い大型犬に2人がかり
でペットボトルに入った牛乳?を飲ませてる
2人のお坊さん。見てたら「Medicine!」。
病気の犬に薬を飲ませてたみたい。

法王の写真がどーんと。

126 2015 INDIA

お寺のお堂の手前にポタラ宮の写真が。
これを見てチベットに思いを馳せるのだろうか。

お寺に貼ってあった。
"The Chinese government should release the 11th Panchen Lama immediately."

ダライ・ラマと同様に転生システムであるパンチェン・ラマ。チベット政府がパンチェン・ラマ11世として認定したゲンドゥン・チューキ・ニマ少年は認定3日後に中国政府に連れ去られ、中国政府は全くちがう少年をパンチェン・ラマとして発表した。
ニマ少年を、本物のパンチェンラマを返せ！！と訴えている。
このポスターは何ヶ所かで見ました。

お寺の横には大きなマニ車が。

マニ車があったらとりあえず回しまくる石丸。

ぐりーん

← かぼちゃの種を干している。隣は干しぶどう。僧院の中に畑があって、そこで育てているみたい。

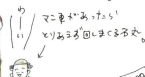

街からは少し離れてるけど、静かで緑が多くて気持ちがいい。
住んでいるお坊さんたちものびのびしているように見えた。

僧院を出て、さらに山を下る。
次は、私が「ぜひ行きたい！」とリクエストしていた

Norbulingka Institute へ！！！

ダラムサラといえばノルブリンカ！！ってイメージだったのでうれしい！！！！

「ノルブリンカ・インスティテュート」とは、チベットの伝統工芸、アートなんかを伝承していくための施設。
敷地内にはたくさんの工房があって、タンカ絵師や彫師、刺繍、織物の職業訓練が行われている。

メインの建物の前にはキレイな池があって、橋を渡っていく。緑い、池い。ココも。

建物ももちろん超チベット式でカラフルで美しい！！！

キラッキラな緑！！
鮮やかなタルチョ！！！

入口すぐの前庭スペースが、もうすごいキレイ！！！石と木と土に、カラフルなマニ石やタルチョが合わさって、コントラスト強いけど優しい！！
みずみずしい！！あーキレイ！美しい！！ここに住みてぇー

2015 インド 127

これまたキレイなお寺がある。
中に入ると、長さ10mはありそうな、巨大
刺繍タンカが!!

刺繍タンカ 絵ではなく、布と布を縫い合わせて作る、アップリケのタンカ。
面の部分は無地、またはキレイな織りの入った布地。

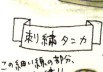

この細い線の部分、ぜーんぶ刺繍!!
1mmないくらいの細さ!!

線の部分は「タンジェ」という、シルクの細ーーい糸を馬の
タテガミに巻いたもので、刺繍して描いている。その線は、
寸分の狂いもなく乱れもない、完璧な美しさ!!! 素晴らしすぎ。
気の遠くなるような、とはまさにこのこと!、てくらい大変な作業だ。
ましてやこんな大きいサイズ、何年かかるんだろ…。

グッピーに頼んで、タンカの工房も見学させてもらう。

←この人が描いてたのは、
スカイブルーに塗ったキャンバスに
金の線で描いてたタンカ。
すっごくキレイ!!

ものすごい大作を描いてたお兄さん、目が合うと
「どうぞ、もっとよく見て!! 中に入っていいよ!」って
笑顔で招き入れてくれる。

みんな優しい。
邪魔にならないように
遠くからじーっと見てるとニッコリ
笑って「ほら!もっとこっち来て
見ていいよ!」
お仕事中なのに、すいません…
ありがとう…

ーーーーーーーー他にも工房はあるんだけど13時のおひるゴハンの時間に
なって、職人さんたちがみんな食堂へ。うちらもSHOPを見て撤収。

←お店で買った紙。
ジー(眠る)のもよう。

ノルブリンカの職人さんの作品である
タンカや家具、仏像、刺繍タンカも
あって、どれもさすがの超すばらしいクオリティ!!
でも値段もすごい。高い…。

←すごいかわいい…
ヤクのぬいぐるみが
バッグ&帽子に!!!
欲しかった…。

この他Tシャツやバッグ等の
オリジナルグッズも多数。

128 2015 INDIA

うちらもランチ。ノルブリンカ出てすぐで、なんかスゴい見た目の食堂へ！

←トタン屋根
←ビニールシート

こ、これは…手作り感というか何というか…

チベット人のかわいいお姉さんが1人でやってる、ぽい。
学生客やノルブリンカの職員がワヤワヤ来て忙しそうだった。

水道が通ってないのか？でっかいタンクに貯めた水で食器を洗ってるくさい。
ネパールで胃腸やられかけした私はやや不安になったけど、うまいので全部食べました。ゲプ。

中はまぁボロいけど外観ほどじゃない。
TVもある。
法王の写真、チベット国旗、タルチョが飾ってあった。

蛍光イエローの炭酸ジュース "Mountain Dew"
コップに砂ついてましたで。

ヤキ肉のモモ！！！
うまーい！！！
辛いタレをつけると最高！！

←マトンのトゥクパ。
トゥクパはチベットのうどんみたいなもの。
マトンっていってもヤギ肉らしい。
おいしかった。スープにもヤギの出汁が出てた。

さて、次は 今になってスケジュールに入ってないことに気付いて（遅っ）、急きょリクエストした所へ。

ダラムサラも下の方に行くとチベット人はあまり見ない。
黒くて顔の濃い"インド人です"ってかんじの人ばかり。山の、坂の街に小さなお店や家がたくさんあって、けっこう賑わっている。と思ったら急にヤギ渋滞。
モメリ後のつるつるハゲヤギからボサボサヤギまで物凄い数のヤギの大群。細い道が大渋滞。

さて到着！！私が来たかったのはココ、Men-Tsee-Khang（メンツィーカン）
メンツィーカンとはチベット医学の大学病院なのだ！！！

708年に作られ、11世紀にまとめられた「四部医典」ただこの一冊をテキストに伝承されてきた医学。
チベット医学の医師「アムチ」は四部医典を全て暗唱できなければならず、自ら山に薬草を採りに行き、薬も作る。超自然療法！！

日本人唯一のアムチ、小川康さんの講座を受けて、ぜひメンツィーカン行きたい！！と思ったのでした。
やっと来れてうれしい！！！

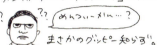
「メンツィーカンも行きたい！」と言ったら
？？？ めんついーかん…？
まさかのグンピー知らず。
地図を見せて説明して、ドライバーさんは知ってたので無事に連れてってもらえました。
そんなマニアックなのかココ…？
みんな来ないのかな？

2015 インド 129

小さな博物館があって、薬の原料になる植物や鉱物、完成した お薬とそれぞれの効能、薬を作ってる工房の写真が展示されている。博物館にいたお姉さん、我々が日本人だと知ると…。

正露丸っぽい。

「前ここに日本人のアムチが居たよ!! オガワっていうのよ!!」

そうそう知ってる知ってる〜!! その人のおかげで今ココに来たんだよ〜!

その後、グッピーがこのお姉さんと長話。さっきの食堂のお姉さんともめっちゃ話してて、やっぱイイ人とのキョリ感、が日本人のそれとは違うな〜と思う。
グッピーは自分の出身地、ブッダガヤの話をしてるみたい。ヒンドゥー教徒だけど、仏教の聖地でもあるブッダガヤ出身であることをものすごく誇りに思ってるようだ。

かいもの

←メンツィーカン オリジナル!!
「ハンドクリームみたいに使えるのかな?」とお姉さんに聞くとコレ!!と教えてくれた。ビューティークリームって書いてあるけど肌荒れに効く。
とにかく良い香り!! 天然の薬草を使ってるからお香のような落ちつく香りがする。

べつに何も不調な所はないけどせっかくココまで来たらアムチの診察を受けてみたい...と思ったんだけど、チベット人と西洋人で大行列ができていたので断念。
う〜ん残念、また次回!! (また来る気)

←メンツィーカンオリジナルのお茶。漢方のようなけっこう強い香りが。
チベット医学では人間の体質をルン、ティーパ、ベーケンの3タイプに分けて考えてるので、それぞれの体質に合わせたお茶も売っていた。けどまぁみんな飲めるように、オールラウンダーな全員OK茶を。

さて次は **Namgyal Monastery** (ナムギェル僧院)

僧院と、ダライ・ラマ法王のメイン寺院、そして法王の公邸(おうち)がある。わりと新しくて広々とした建物。一般の人が五体投地をするための場所もある。ちゃんと公邸の方を向いてお祈りできるように、身を投げだす用の板もセットされている。中央の広場ではお坊さんたちが問答をしていた。

チベットでも見た問答。だいたい2人1組で、問う人、答える人 → ↑ 立ってる 座ってる
がけっこう激しくやりとりしている。
コレはお坊さんしかやらないもんだと思ってたけど、ココでは普通の人もお坊さんと一緒に参加していた。
今どきの若いお兄ちゃんがたくさん居たのが印象的だった。他には韓国の尼さん(グッピーいわく)
も何人か居て、自由な雰囲気だった。

てきとう
めっちゃニューヨークってかんじの黒人のお兄さんも1人。チベタンなお坊さん相手に激しく問答。

チャラそうなお兄さんもお坊さんと一緒に問答。

広場の奥にはダライ・ラマ法王の公邸が!!

← グッピーによると今はダラムサラにいらっしゃるハズだからたぶん公邸に…とのこと。マジかー!!!!!
建物の写真撮ろうとしたら門の中の警備員さんに怒られたので、外観はうろ覚え。

公邸につながる道の地面には、法輪や蓮の花などのチベット仏教のモチーフがペイントしてある。おぉぉ〜さすがダライ・ラマ法王のおうち!!すごくキレイ。みんなフツーに踏んで歩いてるけど、美しすぎて踏みたくないのでよけて歩く。

公邸の、広場をはさんで反対側にはお寺。本堂である「ツクラカン」で、よくダライ・ラマ法王が法話をやったりしてるみたい。

← どの仏像にもやたらビスケットとはちみつ(市販のやつ)ばっかり山盛りでお供えされている。ダラムサラにいるチベットの神々は甘党なんだろうか。
ビスケットにはちみつをつけて食べるのか。
虫歯になりそうだ。

なんとなくコーヒーも差し入れしたくなるラインナップ。

← ご本尊の乗る台に数珠をこすりつけるチベタン多数。
それを見た子ちゃんも昨日買ったばかりの数珠をごしごし。
いいな〜。
私も新しい数珠買いたいよ〜。

グッピーに「中国人観光客って来るの?」と質問してみる。
多くはないけど来るらしい。純粋な信仰心から来る人もいるけど、スパイが混ざってる場合もあるようで、中国人観光客に対するセキュリティは厳しいらしい。
ダライ・ラマ法王の情報を中国政府に流すスパイがいるんだと…。

電飾つけすぎてありがたいムードが怪しいムードになってる。

お寺から出る時、お供え物のお下がりが「ご自由にどうぞ」状態になってたのでありがたく頂く。
白くて小さなお菓子。食べてみるとほんのり甘い砂糖菓子のようなので、奥歯にぜんぶ詰まったけどありがたい気持ちになりました。

2015 インド 131

建物の2階は五体投地コーナー。木の板、手を置く用の赤い布、体を乗せる部分には細長いマットが置いてある。

ダライ・ラマ法王の本拠地ってことで、さぞかし壮厳で緊張感のある場所なんだろうなと思ってたけど、ものすっごくのんびりした場所だった。チベタンもベンチやそのへんの土の上に座ってくつろいでるし、問答もみんなで笑いながら（※大マジメにやってらっしゃいます皆さん。あたり前）やってる感じだし、なんか、空気がすごく大らかだ。法王さまの優しい雰囲気そのままな所。法王様は最近のブッダガヤでの法話をキャンセル。お疲れらしい。ずーっと元気でいて欲しいな。今日の行程はこれにて終了。山道の登ってバグス村に戻る。

「夜ごはんは南インドカレー食べたい？」グッピーは南インドカレー希望みたいで激しく押してくる。我々も南インドカレーは大スキなので、たべた〜い！！

ごはんの時間まで、またマクロードガンジへ。

さっき行った「ノルブリンカ・インスティチュート」のお店を発見。スァーッと入ってしまう。

←さっき悩んで買わなかった、チベットの民族衣装の女性の絵のポストカードを買っちゃった。なかなか無いし…まぁいいよね…。

チベットの代表的な宝石、琥珀、さんご、ターコイズのプリントのポーチ。あ〜やっぱ買ってよかった…♡

最後に入ったお土産屋さん（定価売りのちゃんとした店）にて。

ターコイズ、さんご、ラピスラズリのゴージャスなピアス。でかいし重い。でもチベットっぽい！！購入しました。

描きやすれ。ホテルからマクロードガンジに向かう山道の露店で買った、ブッダアイのピアス。ヤクの角だか骨だかでできてる素朴なピアス。50ルピー〜。

石ちゃんが買った、子供用のマフラー。どらえもんつき！！！何かが違うどらえもんがぬいつけてある。職場の人の息子にあげるって言ってたけど…使うかなぁそれ…。

←めっちゃ欲しかったけどガマンした、ドラえもんのギター。上も下もドラえもん。

…なんかマクロードガンジは、観光、てより、ひたすら買い物してしまう。チベット仏教、

チベット文化を追っかけて旅してるのにこんな物欲にまみれてていいのか？ただの買い物旅になってしまう…と思いつつ、また買い物。

サイフにつけました。プラスチック製。

ブルーの目つきの悪いしまうまのついた、ピンクの笛。超チープ。音もあんまり出ない。この意味不明さ、すばらしい。即決購入。20ルピー〜。

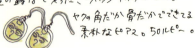

ノルブリンカの巨大刺繍タンカ

ダライ・ラマ法王の公邸へと続く道のペイント

TCVの子供たち。敷地内には売店、床屋、病院もある

マクロードガンジの街

ヒンドゥーのサイケな寺院

19:00、グッピーとホテルのロビーで集合して夜ごはんへ!!

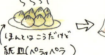

ホテルのすぐ目の前にモモ売りの小さなお店があって気になってたんだけど、グッピーが「食べたいね？」と言ってくれたので買ってもらう。ありがとう!!

（インドでもネパールでもメジャーなチベットの蒸しギョーザ!!）

↑ほんとはこうだけど紙皿（ペラッペラ）

→ テイクアウト用に、なんか裏紙で作った紙袋にモモ、小さなビニールにタレをぶちこんでもらう。

（インド人の若いお兄さん2人がやっている。隣ではパニプリも売ってる。

モモはけっこう売れてるようで、我々が買った後は「蒸し上がるまでちょっと待ってて！」ってなってた。ぶじ、良かった。おいしそう〜!!うれしい!!!!!

夜ごはん、グッピー「南インドカレーの店は近くになかったから、昨日の店ね!!」

とのことで、昨日と同じ店でカレーディナー。

← さっきのモモを持ち込み!!
インドは持込OKな店多し。
モモの具はベジ（野菜）
スパイスの効いたタレが辛くてめーっちゃ美味しい!!!
あーこのタレだけでも持って帰りたい。コクがあって本当においしー!!!

← チャ、チャパティも来たー!!!
だかこんなに食えないって!!
でもさっきのモモのタレをチャパティにつけるとまた絶品なのでした。
チャパティは焼きたてだと本当に美味しい。ほわほわ。

今日のカレー。
ごはんは優しい味つけのチャーハンみたい（ビリヤニほど濃くない）なやつ、カレーは手前からパニール（カッテージチーズ）野菜のカレー、レンズ豆のカレー、ヨーグルト。
おいしい!!特にパニールおいしい!!けど本当に量が多すぎる。

===突然!! インドで飲んだビール紹介コーナー===

「キングフィッシャー」
プレミアム、ウルトラなど数種類ある。どれもいい。日本でも売ってますね。

「TUBORG」
ツボーグとよむ。デンマークのビール。ネパールではコレが一番売れていた。なぜか。

もう一種有名な「ゴッドファーザー」ってビールもあるんだけど、前に日本で飲んであんまり好きじゃなかったので今回はスルー。

「Carlsberg」これも有名。
左はフツーの、右はインド限定（たぶん）のエレファントストロング!!
あんま違いがわからんかった。キレでしょうか。

※ 注 ネラルストアは何でもあるけど、アルコールは売ってない。ビール、ワインは酒屋で買おう。

134 2015 INDIA

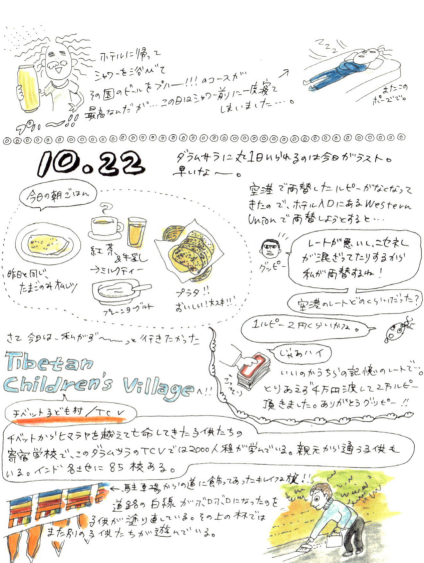

メインのグラウンド。こんな山の中に、でっかいグラウンドがあることに驚き。
1周100m以上ありそうな程デカい。入って左奥りにはステージがある。明日お祭りがあるらしく、イスをたくさん並べている。土地元の偉い人がたくさん来るらしい。

グラウンドには生徒が100人くらい居て、それぞれ遊んだり、何人かで集まってしゃべりしたり、1人でうろうろしたりしている。
土のグラウンドにトラックを引く作業をしている生徒が何人もいた。日本の学校で使っているようなのは無くて、全て手作業。

← 四角形の細長い枠を置いて、中の穴に水で溶いた石灰を流しこんでいく。

手で石灰をすくって入れていくので、みんなまっ白になっている。地道な作業だ。

15才くらいの女の子3人が、白いねずみを持ってあそんでいる。

私にもさわらせて!! かわいい!!! みたいな。
で、そこに通りかかった8~9才くらいの男の子。女の子たちが持ってるねずみをちらっと見たら、女の子が男の子の肩にねずみをそっと置いた。すると男の子はすっごいうれしそうに

号泣。←←←←

キャ——!!! と叫びながら肩をすくめる。女の子たちが笑いながらねずみを戻すと、男の子はまたうれしそうに笑って、ちょっと話をした後、1人で歩いていった。

なんで1人でこんな泣いてるんだろう…。
男の子の「キャー!!」も、その後1人で歩いてったのも女の子3人も、なんか泣ける。みんな大変な状況にあって、うちら日本人には考えられないような苦労をしてるのに、こんなに自由に明るく暮らしている。泣ける。泣ける…。

← その光景を見ていた私は

1人だけ急に泣いてて不気味なので2人にバレないように ガマンしました…。

とまらん…涙と鼻水とまらん…。

TCVの中には売店(おやつや軽食が買える)、病院、床屋などいろんな施設があって、その名の通り、1つの村みたいだ。

トタン屋根、崖ギリギリの小さな床屋。男の子が10人くらい順番待ちしてたけどもうすでに全員スポーツ刈りで、これ以上刈るとこなさそうな かんじ。

お店でおやつを買って、入口のベンチで半分こしながら食べる2人。3年生くらい?

136　2015 INDIA

バグス村に戻って、ホテルの近くにあったヒンドゥーのお寺へ。
ココがすごかった…

これぞ!!奇界遺産ってやつじゃないか!!!

中に入るとまた派手派手!!!右側にある階段が
めちゃくちゃ怖いライオンの口。
なんで？？
ここを上がっていくと人工の洞窟
（建物の中ですが）みたいになってて、
←こんなんとか

外観がすっごい。
ギラギラカラフル、超派手な
装飾!!!上にはブラフマー、ヴィシュヌ、
シヴァがいる。

ペンキで塗ったくったような
岩の中にヒンドゥーの神話を
モチーフにしたオブジェが
大量に仕込んである。
ぜんぶペンキで派手に塗ってあるので
めっちゃおどろおどろしい。
何だここはー!!!!

出口は
巨大ワニの階段。

1階もすごい。カベも天井も原色の嵐。いやーすごいココ…

お寺を出て丘を登る。頂上にはヒンドゥーの
小さなほこらがある。
バグス村を見下ろすと、カラフルで小さな
建物がおもちゃみたいに見える。
山の中だから、道はすべて階段状。細くて
急な階段で上と下の家がむすばれていて、
人が歩いてたり、家のベランダでじゅうたんを
干してたり、生活してる姿が見えて面白い。

←ところどころ穴があいている。
マングースの巣らしい。

杖ついたおじいちゃんが、
丘のさらに上に向かって
登っていく。
こんなボロボロの岩だらけ
の山道を。どこに行く
んだろ…。

3人で座って、のーーーーんびりして、
BHAGSU-NAGに戻る。
ホテルでグッピーと解散し、最後のマクロードガンジへ!!!!!!

2015 インド 137

ばいばい！<u>マクロードガンジ</u>!!!

ずーっと憧れだったけど、ついに来れて本当にうれしかったぜ!!

バグス村に戻る。
今日はオートリクシャーだけ置いてあって、ドライバーがどっか行っちゃってたので、タクシーで。

タクシーだと、ちょい高い。
リクシャーよりいっぱいいるから、すぐ乗れるけど。

帰りに寄った酒屋のお兄さん、ノラ犬がうろうろしてると「コラーー!!!」白いシーズーみたいのが天敵らしく、「Everyday Fighting!!!」と叫んで追い払っていた。

ホテルに戻って、お風呂入って荷づくり。

荷づくり全っ然できない。
進まない。

TVでは、デリーのお祭りの様子が流れていた。
今日は"ダサハラ"という祭りの最終日で、デリーのどっかの広場に人が集まって民族衣装を身につけてぐるぐる踊っていた。大きなステージもあって、ゆる〜いインドっぽいライブをやっていた。デリーは今夜 最高に盛り上がっているらしい。

うちのホテルの外でも大音量のディスコソングが流れていた。
近くで盛り上がってんのか？と思ってちょっと行ってみたくなったけど、10時になったらピタッと終る。
健全だなぁ…。

さいごの朝ごはん。

定番のオムレツ

ダルカレー!!!

紅茶、いつもの。
ミルクを入れてチャイっぽくするかブラックか。

グッピーのはからいで昨日はプラタ、今日はプーリー!!
ふわふわへにゃへにゃの揚げパン。ダルカレーもつけてくれたのでカレーにつけて食べたらすごく美味しい!!
ありがとうグッピー!!しあわせ!!

10.23 ◎◎◎◎◎◎◎

ごはんを食べてから、少し時間があったので、近くをブラブラ。

→ すごくいい……。
ヨガスクールの看板。
逆立ちの2人、開脚のおすまし顔おじさんがいい!!

インド料理教室の看板

本のレシピとはちがう、リアルなインド家庭料理が習えそう。看板やチラシを見てると いろんな所でやってるから、料理が好きな人はいいかも。
私は……いいけど……。別に……。

ドドドドド
急に坂道を馬が けっこうな速さで 駆けおりていった。あ、危ない…!!!
何もつけてない すっぱだかの馬…。
つーかどこの馬？ 逃げたの？何なの？？
さすがに周りのインド人もびっくりして見ていた。

砂やレンガを運ぶロバがたくさん歩いている。でも主人がいなくなって、その場で動かず停止。
待っててえらいなぁ。
ブッブー
ただ車が来ていくらクラクション押しても動かない。
いや〜 ゆるくていいわ…。

ホテルに戻り、チェックアウトをして空港へ。
ダラムサラの空港までは車で1時間30分くらい。くねくね山を下りまくる。

（もり）
もう帰っちゃうのが〜 さみしいよ〜……
……さみ……ス〜……
センチな気持ちと眠気が混ざってあんまり記憶ない。
空港に到着!!

人間は
0〜25キ→勉強をする
25〜50キ→子供をつくる、人生を楽しむ！
50〜75キ→仏の勉強
75〜90キ→お祈り
コレが良い人生ね!!

グッピー語る。宗教が身近な国の考え方！って感じ。

ロビーのベンチに超キラッキラ美女軍団が！！！
どうやらもうすぐインドの政治家がカングラ空港に到着するらしく、そのお出迎えのために来た軍団らしい。黄色と赤のゴージャスなドレス、メイクやアクセサリーも黄色と赤で、何よりおデコのマンティッカとノーズピアスがめっちゃかわいい…！！！！

6人いて、全員スマホをぎゅっと握ってる。日本の女子と同じ。

写真撮りたいって言うとにっこり笑ってくれて、もーさらにかわいい…。

保安検査場で、ボディチェック（女子用）のブースに入ると…

なんかアナタ、男っぽいね！！！メイクもしてないから女っぽくないよ〜。男みたいだよ〜
検査のおばさん

そ、そうですか？
うん、そう思う！！

うるせーよ!!!
これに近い展開が2度目のネパールでもあった気がするぞ…。

140　2015 INDIA

政治家の人は白髪でサングラスのおじさんで、おでむかえにはあの美女たちだけでなく、お坊さんやヘンな形のラッパを吹く人までいて盛大にやっていた。
しかしあのスパイスジェットの飛行機はチャーターなのかと思ったら、普通の人も乗っていて、政治家のあとから降りてきた一般の人たちまでついでに歓迎されていた。
またしばらく待ってると・・・
ふと検査場の方を見たら、なんか知ってる人が入ってきた。え!!!? あれは!!!!
チベットの首相、ロブサン・センゲさんだ!!!
ななななんで??どーしてココに?
あまりにフツーに入ってきてビックリ!!!!

なんでー!!!??
「おねがい一緒に写真撮ってって頼んで!!!」

電話が終わるとグッピーがすかさずお願い。「もちろんOK!」
わざわざ壁にチベットの絵が飾ってある所に移動してくれて「ここで撮ろう!」そして2ショット撮ってもらった～!!!!!

グッピーに訳してもらいつつちょっとおしゃ…おしゃべりべぇ…!!!

おつきの人(秘書)がセンゲさんの名刺をくれた。
うおぉ～いいのですか…!!!
「DR. LOBSANG SANGAY」
SIKYONG
と書いてある～!!うわ～!!!
家宝にします～!!!!!!!
※SIKYONG(シキョン)…チベット語での役職名

…さっきの政治家はみんな盛大な歓迎受けてたけど、センゲさんは秘書と2人、フツーに待合室にいる。
仕方ないけど、差ありすぎだろ…。

グッピーは「なんであの人がチベットの首相って知ってるの？いつから知ってるの？」って不思議そう。
よっちゃんも知らなかった。
つーかこの待合室の人たちだれも知らなかったっぽい。気付いてないだけ？どーして!?
チベットの首相だよ!!?

しかしセンゲさん本当に優しくてニコニコで素敵だった…本当びっくりして体に電気流れたわ…。
ダラムサラ旅行は過去に2度流れてしまって今回ようやく来れたけど、最後の最後にこんなサプライズが待っていたとは!!!!
ああ、ダラムサラに、インドに来て良かった!!!!!!!
ありがとうインド!!ありがとうチベット!!!

センゲさんに会った興奮が冷めないまま、エアインディア9I 814便に搭乗。

あっという間に離陸。ヒマーチャル・プラデーシュの風景がどんどん小さくなっていく～!!!

ありがと～
また来るぜ～
FREE TIBET!!
プーギャロー!!
(チベットばんざーい)

2015 インド 141

そしてデリーに到着。うわー湿気すごい。暑い!!!
空港が大きくてキレイで、あぁ、大都会に戻ってきたなぁ、空気が全然違うな〜。
夜には帰国の便に乗らなくちゃイカンので、空港を出てすぐ、最後の行程
クトゥブ・ミナールへ向かう。

← 大都会だなーと思ったそばから、
電線の上で野良サルがくつろいでいた。
都会とはいえ、やっぱここインドだわ。

クトゥブ・ミナールは1200年くらいにできたよ。
インド最大の塔で、世界遺産だよ。
イスラムがヒンドゥーに勝った象徴として建てられたよ。
今は72mだけど前はもっと高かったよ。
災害で折れちゃったんだよ。あと前は中に入れたんだけど、
学生が何人か将棋倒しになって亡くなってからは
入れなくなったよ。
ハイじゃー見てきてね!!

グッピーはまた外で待機。
2人で中に入る。

これがクトゥブ・ミナール。
ちょっとピンクがかった赤い石の塔。途中途中の彫刻が
ものすごーーーー ＜ 細かくてすごくきれい。
特にこの展望台っぽい所、すごい。あ〜遠くまで行って見たい!!
↓ 塔を帯状に囲っているこの部分にはアラビア文字が
彫られている。
赤石もいろんな色の石をランダムに組み合わせてあって
もう うっとり。

周りの建物もいちいち彫刻が細かくて美しい。
細かすぎて視力落ちそうだけど美しすぎて視力上がりそう。

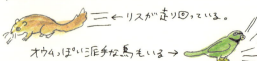
←リスが走り回っている。
オウムっぽい派手な鳥もいる→

地元の人は散歩、デートで来たりしてるけど、
インドの地方からの観光客も多い。
フマユーン廟の時と同じく、記念写真を頼まれまくる。
1人で来てたお兄さんは→
2人で寄り添って撮影。
なんかありがとう
ございます。

TCVのグラウンド。石灰で線を引く子供たち。私は号泣1分前

バグス村にはヒッピーの店がたくさん

毎日カレー。ヨーグルトもカレーと混ぜる

こんな山の中にプール。ターバンに海パンのおじさんもいる

美しいクトゥブ・ミナール

クトゥブミナール、すごい混んでる。
遺跡と一緒にインド人のファッション観察。男はだいたいシャツとデニムばっかりで
あんま面白くないけど、インド女子はハデな伝統衣装が本当にキレイ!!

← 原色でド派手なおばあちゃんも
いっぱいいるけど、白とエメラルドの
サリーのおばあちゃんがすごく素敵でした。
白い髪と、黒めの肌とよく合っていた。

← 紫と白のサルワール
カミーズのおばさん。
カバンも紫。
クツも合わせてる。

↑
サリーのお母さんとサルワール(チュリダール?)
カミーズの娘。
よく見たらヘアゴムの色も服に合わせている。

← 若い女子はロングヘアーを
バサバサさせながら歩いてるイメージ。
インド女子は髪が豊かでキレイ。
で、カジュアルでシンプルな服。
みんな脚がまっすぐでキレイだなー。
特別スタイルいい、
とかではないけど
脚がまっすぐだから、
スキニーパンツとかが
格好良くキマる。
うらやましい。

クトゥブミナールを出て、グッピー
と合流。車に乗って再び空港へ。

チャパティ食べた、ナン食べた、
プラタ食べた、プーリー食べた、
でもサモサ食べてないね、ハイどうぞ!!

なんと!! 我々がクトゥブミナール
を見学している間にグッピーは
サモサを買ってきてくれた
のでした。
サモサ食べなかったねーと2人
で話してたから、すごく感激。
グッピーありがとう!!!!

→ 大きなサモサ×2。
サクサクでおいしい!!!!
特に皮がすごいおいしい。グッピーんちの
子供達も、皮が大スキすぎて中身食わない
らしい。
あーおいしかった。最後にむっちゃインドインドしたもの
食べて大満足。ダニャワード!!!

144　2015 INDIA

帰りはあっという間。デリーの空港に到着。

←ゲートの上がすごいことに！！

ヒンドゥーのでっかりお祭り、ディワリを祝う飾りつけがすごい。空港の中も外も、HAPPY DIWALIだらけ。服屋も"HAPPY DIWALI SALE"をやっていた。
この時期に来てみたいなぁ。

グッピーとお別れ。
ちゃんとチェックインできるか、やたら心配してたけど、大丈夫でした。

最後に一緒に記念撮影。

ありがとうグッピー！！
グッピーおすすめのダージリン、ブッダガヤにも行くぜー

←近くに座っていたおじさん（インド人）。
「インドは初めてですか？」←日本語
"私の日本の友人も先日初めてインドに来たんですが、帰る時にとても悲しそうでした。"どうしたの？お腹こわしたの？"と聞くと、"そうじゃない。せっかくインドに来たのにお腹をこわさなかったから、本当にインドに来た気がしなかったんです"と言ったんです。"

私もお腹こわさなかったけど、その気持ちわかる。腹痛になってナンボ！！ってかんじだからなー、インドは。

最後にKちゃんが買ってくれた牛柄のゾウのキーホルダー。

さて、飛行機。乗ってまずビックリしたのは…

CAがビーサンはいてたこと！！！

さらに、離陸前にジャンプシートに座った時は脚組んで超けだるそうだった…。
ANAとかJALでこんなんだったらクビになりそう。
最後までインドだ…。

※途中でパンプスにはきかえてました。

さよならインド!!
ダンニャワード!!

いやー楽しかった！！インドすっごく良かった！！
でも正直ぜんぜん日にち足りなかったから、また来るなコリャ…。

飛行機から見るデリーの夜景はすごく明るくてキレイ。
21/15 デリー、インディラ・ガンディー空港を出発。

2015 インド 145

10.24

朝8:30、成田空港に到着!!
コーヒー飲んで帰宅しました。ありがとうございました。

ついに来た!!インド!!!
こんなにチベット好きなのにダラムサラに行ってない…ってずっと気になってたけど、
ようやく行くことができた。
ダラムサラでは、ダライラマ法王と自由を求めてヒマラヤを越えて亡命してきた多くの
チベット人たちが、静かにつつましく、でも力強く暮らしていた。
今までドキュメンタリーとかでしか見たことのなかったダラムサラに、自分がいる〜!!!
夢だったノルブリンカ、メンツィーカン、TCVも実際に見ることができて感動した。うれしい。
チベット人は、強く優しく逞しく、生きてるな〜!!!って、実感できた。
もちろん彼らの故郷はチベット本土だから、いつか帰れることを祈っています。
でも新しい土地で根を張っている姿に、チベット人の力強い生命力を感じた。
ありきたりな言葉かもしれないけど。
今回はそれに尽きます。チベット本土とはちがう、もうひとつのチベットがありました。
そしてデリーも、THEインド!って感じで面白かったけど、完全に時間足りなくて
不完全燃焼なので、近々もう一度 行きたいなーと思います。
私の初インド旅、これにて 終了。ありがとうございました。

〜書き忘れコーナー〜

← ダラムサラのホテルそばで
工事現場の土を運んでいた
おばさん。
フツーにサリーだけど…
こういうカーストの方なのかな…?

部屋のクリーニング、タオル交換
は頼まないとやってくれない。
チップも置きっぱ。TELすると「OK!!Sir!」
と言ってタオルを持ってきてくれる。次の日
出かける前にクリーニングを頼むと「じゃあ
カギかして」予備とかないのか?

← ダラムサラで外国人の
NGOがゴミ拾い
していた。

レツゴ〜
レツゴ〜

← 朝、3才くらいから子供の
声で「レツゴー♪」が
きこえてくる。

← すこしお腹を下した石ちゃん。
私はすこーしウ○コがゆるいくらい。
たぶん夜のカレーの強烈なスパイスが
原因な気がする。2-3日引きずっていた。

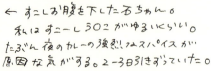
道端で髪の毛の黒染めをする
お母さん。
なんで
こんな
丸出しで…。

ダラムサラはケータイ、
全く違うです。
Wi-fiはあるけど。
グッピーもダメだった。
土地元民はガンガン使ってる
ようになー。

ピピッ!

おまつりの爆竹が手の中で爆発して、
グッピーのお兄さんは指を切断
したらしい…。

サンキュ〜

ダラムサラからの飛行機、
ケータイ見ながら超テキトーに
客のお見送りをするCA。
こっち見ろ!!!!

146 2015 INDIA

ノルブリンカで見つけたガンジーの肖像の下には……

column5
ヒンドゥーの神々

どっぷり仏教のチベットからネパール、インドに来ると、だんだんとヒンドゥー教の世界が強くなってくる。街中を歩けば祠や寺院があちこちに建っていて、人々が手を合わせている。ここではちょっと寄り道して、街角で見つけたヒンドゥーの神様たちを少しだけご紹介。

ブラフマー
創造の神

ヴィシュヌ
繁栄、維持の神

シヴァ
破壊、再生の神

三神一体「トリムールティ」と呼ばれる、宇宙そのものを表す三人の神々。ヒンドゥーには聖書やコーランのような経典もなく、絶対的な一人の神様がいるわけでもない。インド亜大陸で数千年に渡り変化、吸収を繰り返しながら、人々の生活に溶け込み育まれてきたヒンドゥーは、一般的な宗教とは定義も信仰のかたちも大きく異なっている。インドにはイスラム教徒やキリスト教徒、仏教徒、シーク教徒やジャイナ教徒もいるが、多くのインド人は生まれながらにしてヒンドゥーであり、ヒンドゥーとして人生を送る。

ガネーシャ
シヴァとパールヴァティの息子。パールヴァティが自らの垢からガネーシャを作りシヴァの留守中に門番をさせていたが、家に戻ったシヴァは知らない男に門前払いにされたことに腹を立て、ガネーシャの首を切り落としてしまった。パールヴァティの怒りを静めるため、シヴァの手下は片方牙の折れた像の頭を持ってきてガネーシャの体にくっつけて生き返らせ、二人の息子とした。

クリシュナ
ヴィシュヌの化身のひとつで、少年の姿をした神。悪魔を倒す英雄であり、女たちの永遠の恋人であるとされ、今でも人気が高い。

ラクシュミー
ヴィシュヌの妻で、富と幸運、豊穣を司る美しい女神。ヒンドゥーの新年を祝うお祭り「ディワリ」ではラクシュミーを家に招き入れるため、ドアを開けっぱなしにして家の内外を蝋燭や電飾で照らす。

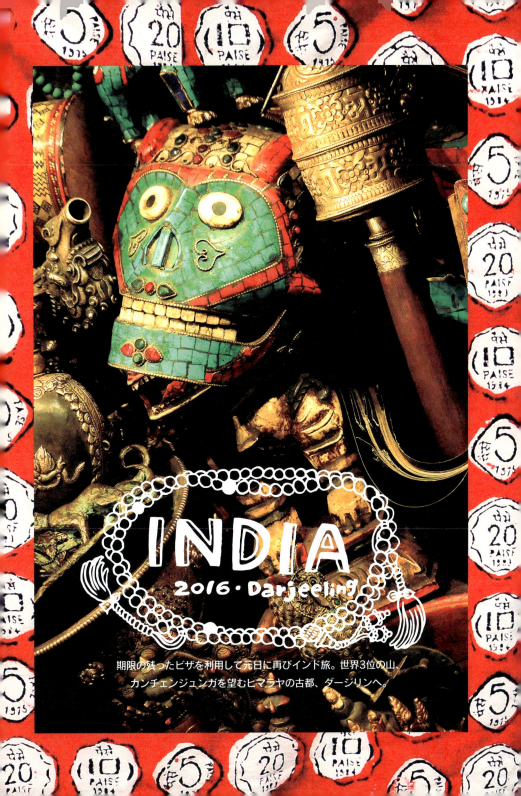

INDIA
2016・Darjeeling

期限の残ったビザを利用して元旦に再びインド旅。世界3位の山、カンチェンジュンガを望むヒマラヤの古都、ダージリンへ。

2016.1.1 あけまして おめでとうございます

10月にデリーとダラムサラ行ったばっかりなのに、またインド！！！
マルチプルビザがまだ残ってて、しかも正月休み！！！
ってことで元日から2度目のインド！！
今回はエア・インディアがデリーに飛ばない
日だったので、まさかの ANA

同行者 いつもの 石丸

貧しいので普段は選ばないのに…
いいんでしょうか…？

インディラ・ガンジー空港に到着！！

よく旅行ブログとか見ると「中国○方航空はだめ、
サービス悪い、ごはんマズい」とか書かれてて、
全然悪くないのに、コイツ普段どういう王様暮らししてんだよ！！と思ってたけど、その気持ちが分かった…。
ANAすごい。特別食もちゃんとしてるし、全てカンペキ。
すばらしい… 今までのヒコーキはいったい…。

ヒコーキもANAだったから異国っぽさ無かったし（いつもは海外の航空会社なので成田から外国！！ってかんじ）、日本人も多かったけど、今回はヒコーキから出た瞬間
「海外来た！！インド戻ってきたー！！！！」って強烈な香りが！！！
うわ〜コーフンするー！！！！このお香っぽい香り、たまらん〜

イミグレーションを抜けてすぐ両替。
10万円以上だとコミッションがかからない
らしいけど…
前回よりさらに
ごっそり。

500ルピー札ばっかりなのですごい厚さ。
でもおつりが無い店が多いので、なるべく
細かいお札でもらった方がいいのです。

ヴィルさん

ガイドさんと合流。
背の高い、渋めのお兄さんって
感じのヴィルさん。
なんとダラムサラ出身だそう。
「インドは初めてですか？」ときかれて
「10月に来たばっかです」と言うとウケてた。
「アグラに行かないのでタージマハルはインド観光の
ハイライトですよ？」
まだ行ってないし今回も行かないと言うと
「信じられない」って顔してた。すみません。

なんか霧がすごい。デリーは今、なかなか雨が降らないせいで、スモッグと霧が
すごいらしい。あまりに空気が悪いので、自動車に乗っていい日がナンバーの偶数、奇数に
よって決められちゃうシステムが、今日から始まったそう。おかげで道は空いていた。
窓から見える風景、たった2ヵ月前だけど、前回を思い出すぅ〜！！！

150　2016 INDIA

デリーのホテル
Karol87に到着。

おんぼろのエレベーターで3Fへ。
部屋の広さはフツーだけど、とにかくボロい。
タオルはうっすら黒い、フトンもちょっと汚れててペタペタ。
窓のサッシに、いつかの客が忘れてったと思われるクリップが置きっぱなし。トイレットペーパーなし（←もらってきました）。
ゲストハウスレベルで凹む。
でもインドでこれしき！！ってことで…。

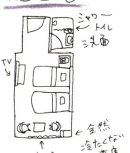

TVの下の台の引き出しを開けてみると…

クツの中敷きが3枚（1枚破れてる）が入ってました…。

シャワーを出してみると、お湯が出ない。
今の時間は出ないらしいので、シャワーは明朝で。

← トイレ行って出ようとすると、あっ、ドアノブが無い！！！！
手で持つ部分が無い。中から開けられない。
1人で部屋にいて、トイレ入ったら出られなくなってるところだよ。

正解。　　壊。

🌱🌱🌱🌱🌱🌱🌱🌱🌱🌱🌱🌱

1.2

今日はガイドなし。
自分たちでデリーをウロウロする一日！！

夜〜明け方は野犬が死ぬほど吠えまくっていた。

止めに行けない

お湯がようやく出たけどすっげーあっちい！！！！
熱湯！！熱湯！！！

朝ごはんを食べに、ホテルのレストランへ。
ホテル入口横のうすぐらーーい階段を降りて、なんかさらに暗い部屋へ。素人のお父さんが頑張って作ったような、ボロい木のテーブルがいくつか置いてある。

← レストランにはうちら2人だけ。
ホテルのお兄さんが階段に座って、食べ終わるのを待ってて大変居心地も悪い。
← 足だけ見えてる

紅茶　紙に包んだトースト　コーンフレーク
ジュース→　具なしオムレツ

2016 インド 151

5分くらいで **Karol Bagh**（カロルバーグ）駅に到着。

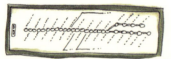

他の国にもある、「トークン」というコイン型の切符。デザインはめちゃくちゃ。素材も。
券売機はSuicaみたいなチャージしたカードのチャージ専用で、トークンは窓口で買うみたい。

電車の中もキレイ。　　　けっこう混んでる、電車。

Karol Baghから、コンノートプレイス近くのRajiv Chowkまで3駅。

こういう駅の一覧とか、日本と変わらない。今いる土也点のランプが光ってたり、日本のローカル線よりキレイで新しい。全然インドっぽさ無い。

←駅から出ると、おじさんが話しかけてくる。
日本で働いてたことがあるから日本人を助けたい!!とのこと。
あっ…この手のおじさん大丈夫かな…？って思ったけど、とりあえず映画館の場所を聞いて、連れてってもらう。

152　2016 INDIA

コンノートプレイスにある映画館の →
大きい方 (すぐ近くに小さいのがもう一軒
ある) PVR PLAZA。
今やってる映画は「DILWALE」と
「BAJIRAO MASTANI」。いま超話題という「BAJIRAO MASTANI」にしてみる。
おじさんがチケットを取って、パンフレットを見せながら「13=50からの回だから、
ちょっと前に戻ってくるんだよ。あとインドの映画館はカメラの持込禁止だよ」

忘れてたー！！！！ ガーン

そのへんの売店の人にお金払って預かってもらうって
手もあるけど、心配で映画に集中できないでしょ。
一度ホテルに戻って、カメラだけ置いてきた方がいいよ。

そう言っておじさんは、そのへんのオートリクシャーに値段交渉をしてくれて、「じゃあね〜！！」と
去っていった。ただのすごい良い人だった…。ありがとう、親切なおじさん！！

で、リクシャーワーラー (=リクシャーの運転手) のおじさんは
寄り道する気マンマンで、スッと紅茶の店に連れていかれる。
あー、おじさんにマージン入るやつだなコレは…。

でもまあ、こういうキレイでちゃんとした店で
売ってるパッケージがステキなかんじの紅茶って
「インドって言ったら…」って思識のある友人への
お土産には最適なんだよなー。
まぁいいか。
チャイと、マンゴーティーを購入。

その後、ホテルに戻ってカメラを
置き、同じリクシャーでまた
コンノートプレイスに戻る。この往復で100ルピー (200円)。

 ← 映画の時間までちょっとうろうろ。
インドっぽくて派手だけど、洗練されたクルタ こういう
がいっぱいのお店 "W" を見つけたので入ってみる。 ワンピース
  みたいの

← 服はバカ高かったので
  ピアス購入。
いちいち小さい
布の袋に
入れてくれる。
インドっぽ

上映時間が近づいてきたので
映画館に戻る。

← お菓子や飲み物の
  持込も禁止…。
  荷物チェックでバレて、
  没収されてしまった。
  今買ったばっかりなのに〜！！！！

2016 インド　153

←映画館の売店にもモモが!!!

←巨大コーラ (サイズこれしかない)
と、ナチョス。
こんなバリッバリ音の出るものを
映画館で売るっていう…。

座席は日本の映画館とかわりなし!!
イスはふかふかで清潔。

←暗くなってから来た人には、
係の人がライトを持ってついてきて
案内してくれる。

さて、今回観た映画

BAJIRAO MASTANI とは??

MASTANI
も〜このDeepika Padukoneという
女優さん超絶キレイ!!!!!!
すっごい美人!! 大好き!!!!
鼻ピアスも超ステキ!!!

BAJIRAO
Ranveer Singh
という人気俳優。
濃い。とにかく濃い。

KASHIBAI
Priyanka Chopra
元ミス・ワールド。この人も
す――っごい美人!!!

18世紀のインド、マラーター王国宰相のバージーラーオと、
同盟国から嫁いできた第二夫人のマスターニー、そして
第一夫人カーシーバーイーの悲恋の物語…

…らしいんだけど、言葉がヒンディー語+当時の現地語で、もちろん字幕なんてないので
ストーリーはなんとな〜くしか分からない。
でもとにかくCGフル活用、セットもすごくて、本当にハリウッド並みか、それ以上にお金
かかってる。すごいぜボリウッド!!!!

154 2016 INDIA

2人の女優はインドのトップ女優で、本当に美しい。とくにマスターニー役のDeepika Padukone (ディーピカー・パードゥコーン)はうっとりする程キレイ。マスターニーが踊るダンスシーンがちょくちょく入ってて、衣装も背景の宮殿も本当に美しい。これを撮ったバンサーリー監督は、映像が美しく有名らしいんだけど、もう本当にどのシーンも、全て素晴らしかった。あまりにキレイで視力も上がったような気もする。インドって美しい!!!!

← 上映中、とりあえずみんなマジメに観てはいたけど、途中子供が立ち上がるわ、ケータイでしゃべってるわ、ウロウロするわ、大声で笑うわ、冷静に見たら日本よりだいぶ騒がしかった。でも南インドのザツなアクション映画とかだったらもっと大騒ぎになってたんだろうな。

ドガーン → インド映画は3時間とか4時間とかあるので、途中、10分の休憩タイムが入る。

← 映画の雰囲気に合わせた、めちゃカッコイイ「INTERVAL」の文字がドーンと出て明るくなる。うちらはもう外で街歩きしたかったので、トイレ(激混み)行って 出ることにした。

コンノート・プレイス うろうろ!!!

インドの高級ブランドから海外ブランド、旅行会社、レストラン、インド初のスタバ1号店までそろうエリア。富裕層向けかと思いきや、ぼんぼろの露店もあったりとにかく何でもある。
サークル状になってるから「あり?今どこ?」ってなりやすいけど、ブロックごとにAとかBとか表示してあるので分かりやすい。
サークルの中心には、駅、
地下にはショッピングモールも入ってる。
インド初のスタバも外から見学。
おしゃれな内装!!
ほぼ外国人しかいなかった。
コーヒー豆はインド産のものを使っているらしい。

← インドによくあるコーヒーチェーン、Cafe Coffee Dayで休憩。フツーに美味しかった。

2016 インド 155

ブロックプリントのテキスタイルがすごく可愛い!!
レディースだけじゃなく、メンズのTシャツとかもある。
2人とも爆買い。とくに私は 7000ルピー (14000円) も
使ったので、お店の人がびっくりして、これまたブロックプリントの
キレイな布袋に入れてくれた。
ああココ最高… もう一度行きたい…!!!

People Tree 私のインド史上、最高にツボな店!!!!

← お金柄の
巻きスカート。

なんだこりゃ!!!
真ん中にいろんな印が
プリントしてあって、両サイド
はろうけつ染めのチュニック。
最高速でGET!!!
こういう 🙏

なぜか白い瓶がズラーッと
並んでる柄。そでとえりは
鳥の柄。不思議な形のブラウス。
なんだこれ!!!購入。

ほら貝と、にんにくみたいな柄の
ストール。ところどころ、カラフルな刺繍。
自分用と、母親へのお土産。

インド、デリーのバザール名物 1人物売りおじさん

ベルト売りおじさん

サングラス売り
おじさん

片面ブラシ
片面イボイボ
勝手にスリスリしてくる
マッサージ機能つき
ブラシ売りおじさん

くつ下売りおじさん

フリーズ!!!
マダム
サイフ売り
おじさん

インドには、こういう超ピンポイントで一品だけ売ってるおじさんがたくさんいる。で、とくにデリーのバザールに
多くいたのがこの5種類のおじさん。売りものも、ちょっとアレだし… とにかくたくさんいるから全然売れない
気がする。しょうもないおもちゃ売り、でっかいポストとバック売りも、けっこういる。しつこいんだこれが…。

そして、そろそろ夜ごはん!!ホテル近くのバザールの屋台めし!!

↑ ベジモモ!!
50ルピー

ベジマサラパスタ!!
50ルピー

どっちも辛い!!!けどスパイス効いてて
おいしい!!!2人でシェアしてあっという間
に完食。おいしかった。特にパスタ!!!

紙の(再生紙っぽい)お皿にのせて渡してくれる。
おかわりしたいくらいおいしかった。
マサラ味とパスタ、しかもペンネって新鮮だなー。

こういうお店いっぱい
あって、夜は混んでる。
みんなそのへんで立って
食べて、ゴミばこは満タン
だからそのへんに捨てて
去っていく。

156 2016 INDIA

朝のデリー。道端で揚げ物を売る陽気なおじさんたち

メインバザール。生活感あふれる賑やかなエリア

デリーメトロの駅はけっこう綺麗

チープに光る神様の置物。買いました

2016 インド 157

← バナナ屋の少年がこっちに向かって「ブス!!!ブス!!!」え、私…？私なの…？

スケルトンのゴキブリ通過。

← スーパーに酒売ってないし、酒屋も少ないし…ようやく見つけた酒屋で見つけたベルギービール。でもストロングなんだよな…。飲みにくいなぁ…。

← さっきのモモとパスタだけじゃ物足りなくて、途中のお店でテイクアウトしたタンドリーチキン。

ほうれんそうソース

インド定番のつけあわせ、生むらさきタマネギのスライス。手づかみでわしわし食べる!!

うまーい!!!

タンドリーチキンをオーダーして店先で焼けるのを待ってると、石ちゃんがお腹を下す。待ってられなくなってお店のトイレを借りていた。さっきのパスタ&モモのスパイスにやられたのかな？明日からダージリンなのに大丈夫か…？

1.3

ダージリンまでは、飛行機で西ベンガル州のバグドグラへ行き、車で山を登る。まずはデリーの空港、ドメスティックのターミナルへ。

さて、今回乗るヒコーキは **JET AIRWAYS**

インド国内線だけでなく、ホーチミン、バンコク、シンガポールなんかにも飛んでいる。

不思議な髪形のジェットエアウェイズのCA。なんだか美人揃いだ。

黒リボン

空港はなんだか厳戒態勢でどうしたんかと思ったらなんとカシミールで **テロ** があったらしい!!!昨日!!!!

なんですと——!!!!??

ウィルさん「まあパキスタンとの国境ヶ所だからね〜ぇ」そんな軽いノリで!!!
自分が今いる国でテロ…。

ヒコーキに乗ってからも、荷物入れに入ってる手荷物を係のおじさんが1つずつ出して「これ誰の〜？」の聞きながら確認していた。なんだかやり方が原始的な気がするけど、とにかく厳戒態勢なのだ!!!!!

はい

このカバン誰〜？

158 2016 INDIA

12=15 **Bagdogra** 空港に到着!!!

インドの地図の右はし、ちょっとハミ出して
ちぎれそうな細い所、西ベンガル州にある
バグドグラ。ダージリンの最寄りの空港。
ドライバーさんと合流してダージリンへ!!! すごい暑いんですけどバグドグラ!!!
ダージリンまではバグドグラから車で3時間。
標高差2200mを一気に登る!!!

空港の近くは小さな街になっている。
街を抜けると紅茶畑が広がる。
まだ収穫していない畑は濃い緑の葉っぱ
がじゅうたんのようにぶ厚く詰まっていて、
鮮やかでキレイだ。
茶つみは女性たちの仕事。でもバグドグラ
紅茶はダージリンに比べるとイマイチらしい。
ダージリンのような山の上の畑は土地中の水が流れて循環するけど、バグドグラ
のように平土也だと水がうまって濁るそうだ。
紅茶は満月の日、年に3シーズン (っていうのかどうか...) 収穫される。
ゴールドティー、ホワイトティー、あと年に1回採れる花で作る紅茶がおいしいそうだ。
イギリスでも紅茶は有名だけど、インドから来た文化らしい。

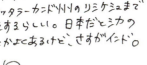

←ゾウ注意の標識!!!
道の両側の森には野生の
ゾウがいて、ここから
ウッタラーカンド州のリシケシュまで
旅をするらしい。日本だとシカの
標識とかよくあるけど、さすがインド。

野良ウシもいっぱい。
体が小さいのはインドに昔から
いる種類の牛。
ミルクの量は少ないけど、栄養が
つまっていて味も濃い。
カロリーも高い。

道が山になってくると、
ぐねぐね道を
左右に振られながら登っていくので、
なかなかキツい!!!!
ねむくて寝ようにも、体が揺らされまくって眠れない。
窓ガラスに頭ぶつけまくり。割ったらすいません。

2016 インド 159

おいるごはん

山道の途中の、ログハウス風の
レストランでランチ。
すでにす〜〜〜っごく寒い…。
外は霧がすごいし、雨もパラついている。

たまごの天ぷら(パコラ?)が入ったカレー、
ピラフっぽいごはん、紅茶。たまごカレー
すごく美味しかった。でももう何度も言うけど
インドのごはん、量多すぎ。

ヴィルさんは「お客様が先！！」
と言って、うちらの注文からしばらく
してから自分の注文をする。なんか
インドでこういうの見るとすごい感動
…。でも、別にいいのにな〜。

頭を窓ガラスにぶつけながら1時間半。
ようやくダージリンのホテルに到着。うわ〜！！！
ホテルはRobentson ROADにある"Central Heritage"。
1905年から続く古いホテル。

Darjeeling
だ〜！！わ〜い！！！

部屋はすご〜く広い！！
古いけど清潔。オレンジの照明と
木の床がきれい。

←部屋の暖房器具は、
小さなハロゲンヒーターのみ。
即スイッチオン。
あぁ…もっと部屋ごと暖める
ようなの欲しい…。

Darjeeling MAP
中心地

↑チベタン
キャンプ
●広場
→ホテル
このへん
ジープ
スタンド
ダージリン駅
↓グム ↓タイガーヒル方面

ダージリンの街は南北に細長い。
北にはチベタンキャンプや紅茶園、
南にはグムの街、タイガーヒルが
ある。中心地くらいなら歩いて回れる。
山の中にくねくね迷路のように細い道が
あって、遠くから見るとカラフルで小さい
建物がみっちり並んでいる風景はダラムサラと
そっくりだ。

←新たにGETした
装備。
でっかいぬくぬくした
ストールと手袋。

↑ダラムサラやネパールと
同じで、毛糸やウール製品がたくさん
売っている。助かった…。

160 2016 INDIA

ダラムサラと違ったのは、ショッピングモールがあること！！

プールに浮いたビニールのボールに入ってあそべるやつ。楽しい…。↓

インド定番スーパー BIG BAZAAR、映画館も入っている。
BAJIRAO MASTANI はもちろん、ここでは STAR WARS もやっていた。
しかも 3D！！！

さて、夜ごはん！！！
ヴィルさんと集合して外でディナー。

「何がたべたい？」「チベタンがいい！！！」 というわけで、近くのチベット料理の食堂へ。

←ベジモモ。
うまい！！2人は辛いって言ってたけど、そうでもない。
味のしっかりある辛み！！

タレ

←MIXトゥクパ！！
すーっごいおいしい！！
パクチー大量だし。
おかわりまでしちゃった。

お店は2階建てなんだけどすーっごくせまくて（6畳くらい）
2階に上がると床が揺れる。
だ、大丈夫か…。

？お店のチベタンのお姉さんはヒンディー語がわからない。
ベンガル語（このあたりの公用語）とチベット語だけ。

ヴィルさん  の話

インド人は、北はアーリア人、南は黒人がルーツにある。
ヴィルさんもアーリア系で、背が高くて顔が濃い。南はみんな色黒で背が低い。

部屋に戻って明日の準備。

湯わかし器があるので、一定量だけどお湯が出る。（出なかったら死んでる）
自分とせんたく物を猛ダッシュで洗う。

なんと！！！ベッドには電気毛布が！！！
うわ〜超あったか〜い♡♡♡♡♡
冷えた体がほぐれる！！！
家にも欲しいけどもう他の布団で眠れなくなっちゃうな〜。

2016 インド 161

1.4

朝5:00 起床。

眠すぎて半泣き →

普段4:00就寝、11:00起床って暮らしだから、こういう超絶早起きは本当に命がけです。楽しみにしていた朝日と山を見るための早起きだけど…。し、しみ…。

なんかダージリンは日照時間というか、日が出る時間が東京と同じか少し短いくらいのかんじ。

ヒートテック＋Tシャツ＋パーカー＋モンベルのダウン（うすいの）＋パタゴニアのR2フリース＋ノースフェイスのハードシェルという、もう持ってるもの全部着込んで、行ってきます…!!!
うう…キレイに山が見れますように…。

出発直前、小—ーさな地震があったらしい。
私は顔洗ってて気付かなかったけど、海外初地震だ。

外に出るとドライバーさんが
「おはよー!! 良かったね、Nice Weatherね!!」
やったぜ!! 確かにまだ空真っ暗だけど雲ひとつない晴天だ…!!

「おはようご…ざいまう」
時間に正確どころか15分前行動のヴィルさんが珍しく遅刻。
朝弱いのかな…？

ホテルから展望台のあるタイガーヒルまでは車で30分くらい。
タイガーヒルに近づいてくると車が増えて混んできた。
あんまり奥まで車で行くと出るとき大変なので、途中から歩いて坂を登る。

頂上には2階建ての建物があって、この中からでも、バルコニー部分からでも景色が見えるようになっている。
中には売店（防寒グッズ、ポストカードとか）

— があるの他、あったかいチャイも売っている。

チャイあったかーい

建物の中も外も大混雑。
でも外国人はほぼゼロ。
だいたいインド人観光客。
みんなさすがに厚着してるけど、うちらに比べたら薄い。

162　2016 INDIA

けっこう早めに到着したので、場所を確保したらひたすらその場で待つ！！↑日の出を。

リタイア…

冬の早朝、しかもココは標高2590m。東京の寒さとは格が違う。温度計で計ったら同じ気温でも、体感温度は全然違うだろう。あぁこんな寒いの生まれて初めてだ。

←一瞬山も朝日も全て捨てて車に戻る選択肢が脳裏を過る。

でも目の前にあるのは、ずーっと見たかった憧れの山、カンチェンジュンガなのだ。絶対見て帰らなきゃ後悔する…！！！

ヴィルさん「あともう少しですね！！」 ←こんなやりとりを何度かしてたら
私「マジで！！？」　　　　　　　　突然 **ワーっ** と歓声が！！！！
ヴィルさん「あと20分です！！」
私「……。」

→夜明けだ！！！やわらかいブルーにピンクの日の光が！！！
　　　その光を受けたヒマラヤの峰々が、同じ色に染まっていく。

┌この一番高くそびえているのが Khangchenjunga、カンチェンジュンガ。
│標高8,586mはエベレスト8,848m、K2 8,611mに次ぐ世界3位の高さ。
│チベット語でカンチェンジュンガは「偉大な雪の5つの宝庫」という意味で、主峰、西峰、
│中央峰、南峰、カンバチェンの5つの峰からなる。確かにどーんと広い。
↓

光をあびた雪と岩の山肌がクッキリ見えて、険しい稜線が浮かび上がる。山頂では風がうなっている。ああなんて美しいの！！！！

憧れのカンチェンジュンガは、めちゃめちゃ格好良かった。言葉はいらない、すごい力強い。ああ寒さに耐えて良かった…ダージリンに来て良かった！！！！！

2016 インド　163

年が明けてもクリスマス全開なデリーの空港

緑が美しいバグドグラの茶畑

広くてきれいで感動したダージリンのホテル

タイガーヒルから望むカンチェンジュンガ8586m

実はエベレストも山頂部分だけピョコッと見えた。かなり距離があるのに、けっこうクッキリ見える。おお〜、久しぶりのエベレストだー！！！

ヴィルさんの「もういいね！」の声で我に返って、展望台から降りる。車を停めた場所まで降りると、来る時は暗くて見えなかったけど、緑の木々にタルチョがどわ〜っとかかっててキレイ！！タルチョがモリモリの景色って、いつどこで見ても良いな〜！！！

車でホテルに戻る途中、グームというエリアを通る。で、知人からオススメされたチベット仏教のお寺、 Yiga Choling Gompa イガ・チョリン・ゴンパに立ち寄る。

早朝のお寺は気持ちいい。晴れてるし、空気が澄んでる。人も少なくて、お坊さん1人と、参拝に来たチベタンのおじいちゃんとおばあちゃん数人、マニ車の下で寝てる犬ぐらいしかいない。

派手な帽子のお坊さん →

そういえばココが2016年の初詣！！！チベット寺院で初詣なんてうれしいなー。

モンゴル風の顔立ちのご本尊。朝日が差し込むお堂、小さいけど、100年前から続く歴史あるお寺だ。街の人にのんびり大事にされてきたんだろうな〜ってかんじ。

ちなみにお堂の中の写真は、100ルピー払うと撮らせてくれる。

2016 インド 165

ホテルに帰って、朝ごはん。
シリアル、焼トマト、マッシュポテト、ベーコン、サンバル(南インドのスープ)、ココナッツのお菓子、オムレツ。
早起き&寒さで消耗。しばし休憩。
あぁ…あったかいお風呂入りたい…。
タイガーヒルに出かける前の小さな地震、
ぜんぜん気にしてなかったけど、
ダージリンのもっと東のインパールという所では
マグニチュード6.7で、大変なことになっていたらしい。
日本のテレビでも、インパールの病院にどんどん人がかつぎ込まれてる
映像が流れてたみたいで、安否確認のLINEが来まくっていた。
テロだの地震だのあったけど、どれも回避しました。

またヴィルさんと集合してダージリン駅へ。
カンチェンジュンガと並ぶ、ダージリン旅行の目玉、トイトレインに乗る。
正式名称は「ダージリン・ヒマラヤ鉄道」、1881年にダージリンティーと人を
運ぶために開業した。
今は一部が観光に使われている。ちゃんと石炭で動いていて、
世界遺産に登録されてからはユネスコが面倒見ているらしい。

← 機関車の先頭。うぉぉ、トーマスっぽい!!!
なかなか発車しなくて30分くらい待たされる。
遠くにはまたカンチェンジュンガが見える。見晴らしが
良くて気持ちいい。
ただ電車から出るまっ黒い煙がすさまじい。
「プシャー」って音と一緒に、一面ものすごい火煙がたちこめる。
線路もホームも行き来しほうだいなのでウロウロしながら待つ。

166 2016 INDIA

←ようやく出発!!
手が石炭でまっ黒のおじさんがドア開けっ放しでずーっと外を見ている。
民家スレスレ、道路の真横を通る。→
料金は8キロで3300ルピー。
面白いけど、わりと地味な街中をゆっくり進んでるだけなので、10分くらいでちょっと飽きてくる。歩いた方が楽しいかな…。

次の駅、グームで下車。

←最近調子の悪かったカメラのメインのレンズが死亡。
あぁ…今回までは頑張ってくれると信じてたのに……。

グームでドライバーと合流してチベタンキャンプへ。
ここでの目的は チベット医（アムチ）の病院、「メンツィーカン」で診察を受けること!!!

病院は無人だった。
上の方で子供が遊んでただけ。
先生〜〜っ!!
えーん えーん

前回のダラムサラでは診察してもらえなかったので、今回こそ!!!って思って、あらかじめ旅行会社に頼んで診てもらえるか調べてもらっといた。
ちゃんと開いてる日に日程合わせて来たんだけど…

「先生は来週までダージリンに戻らないよ!」

近くにいた子供→

何〜〜っ!!!
あぁあ〜 先生今日いるって話だったのに〜っ!!!
さすがインド…。

「ブティア・ブスティ・ゴンパ」
チベタンキャンプの奥にある、小さなお寺。
ココは中の撮影は禁止。
シッキムが近いので、仏像もシッキム風の顔をしているらしい。
○○風の顔、とかまではまだ分からんな〜
イガ・チョリン・ゴンパ（朝の）と同じく、地元で静かに大事にされてきた古いお寺ってかんじ。

2016 インド 167

チベタンキャンプの入口に戻る途中、チベットのラッパの『ブォォ～』って音が聞こえていた。小さなお寺にたくさん人が集まってて、見てたら「おいで!!」と呼んでくれた。

中に入ると、4畳くらいのお堂で お坊さんがお経を唱えていて、横にラッパの人、スキマで参拝しに来たチベタンが五体投地をしていた。

すっごいせまいし、ジャマしちゃいかん、ってことですぐに出て、
入口でお布施を渡すと、大きな袋に入った
お菓子セットをどんとくれた。

ビスケット
パック牛乳
カールみたいなおかし
クッキー
マフィン
チョコバー
りんご
← ポン菓子みたいな、インドでスパイスとまぜて食べたりする米…みたいなやつ。アルファ米みたいな感じ。
ずっしり
なんだこれ…。先っちょが赤くて、しめってて重い物体。
12cmくらい
インスタントラーメン

すごい いっぱい入ってる!!
100ルピーしか入れてないのに…どうもすみません!!

さらに、お寺の横の建物に呼ばれる。
炊きだしをやってるから 食っていけ!! と誘ってもらった。

大きな入れ物にごはん、焼そば、カレー、おかずがたくさん!!
近所のチベタンの女性たちがやってるらしい。フタをあけて、「コレはスープ、チキンカレー、いっぱい食べてね～!!!」

食べているのは地元のチベタンばっかりで、外国人うちらだけ。

←バター茶。ダージリンっ子のドライバーさん、
バター茶好きな私はゴクゴク飲んだけど
初バター茶のヴィルさん、石ちゃんは微妙そう。

おいしくておかわりした
かぼちゃのスープ。

←チョウメン(焼きそば)、花巻みたいなパン、
牛肉のカレー、フキの煮物みたいの。素朴な家庭
料理ってかんじ。
お店じゃなくて、フツーのお母さんたちの作るチベット
料理、おいしかった！！！優しい味だ～。
貴重な機会だった。

←外の水場で
みんな食器洗ってるから！
一緒に洗おうとしたら、チベタンの女の子が
「かして！私たちがやるからいいよ！！」
すんません、ごちそうさまでした！！！

チベタンは
人なつっこい。
みんな
ニコニコ。

メンツィーカンは不発だったけど、お寺でランチを頂けるとは！！面白かった～。

ホテルに一度戻り、夜ごはんまで街をウロウロすることに。
ダージリンはモロインド人！！って
人よりネパール系の人が多い。
色が白めでなぜかまゆ毛が細く、
アイメイクと口紅(まっ赤)が濃い。

←メインバザールの方に行くと、露店がたくさん
出ている。だいたい揚げ物。
←でっかいタライに入った、謎の食べ物。
トマト、紫たまねぎ、パクチーがぐるっと乗っていて、
中央の黄色いのは何だかよくわからない。たまご？
おいしそう。食べてみれば良かった～。
ダージリンって、けっこう人多いんだな。どの屋台も人がいっぱい。

2016 インド 169

早朝の澄んだ空気が気持ちいい、イガ・チョリンゴンパ

ダージリンのメインロード

トイトレインのメンテナンス

チベタンキャンプのお寺でお昼をご馳走になった

メインロードで竹の笛を売るおじさん

ふと上を見ると、電線に泥だらけのスニーカーが
ぶら下がっている。

ドラえもんのニセグッズも充実している。
このぬいぐるみ、ポケットが
「ドレモネ」← 白目

←チベットグッズのアンティークショップ。
石のたくさんついた仮面やマニ車、アクセサリー、
その他、超高価で美しい装飾品が店内に
ごちゃごちゃに積み重なっていて足の踏み場もない。
一点一点、物凄い。いいのかこんな保存方法で。
石ちゃんがダニか買おうとしたけど、これまた高額。
古くて素敵だったけど……。
↑なかなかすごい、オーラをまとったような店だった。ダージリンには、
この店ほどじゃなくても 古い物を扱う店が多い。歴史ある街なんだなー。

金アミのカベが続いてて、
中をよく見たら　むっちゃ馬がいた。
←その隣では、おじさんがろうそくのあかり１つで
　魚を売っていた。

もちろん身も
そのまんま丸ごと
もある。←

ブルーシートの屋根とカベ、木で作った
ゆるゆるな台のお店が並んでいる。
魚、たまご、揚げ物、肉…もちろん
全て常温。まぁ…寒いしね。
突然、広場に出る。金ピカの像のうしろには巨大モニター（ミュージックビデオやCMが流れている）

半ドーム型で装飾と山の根がついたモニュメント
があって、中でみんな写真を撮っている。
地元の人はダラダラしゃべっていて（この寒いゆ…）
観光客は記念撮影。
外国人はあんまりいない。

2016 インド　171

左右は小さなバザールになっていたので、入ってみる。
よく売ってる物

ボブ・マーリーの
ニットキャップ。

おかっぱ風ミッキー＆
しゃくれミッキーの
子供用スリッパ。

レッグウォーマー。
さむいので購入。

← リカーショップをまた探し回って、ビールをGET!!
栓ぬきが無いので、キャップが手で開けられるタイプの
ビールしか選べない。
うーん…海外旅行は栓ぬき必要だなー。
　　　夜ごはんは近くのホテルのレストランで
　　カレー。豆カレーとチキンカレーとチャパティ。
　　焼きたてのチャパティはおいしい!!!
何もつけなくても香ばしい。
料理が来るまで、ヴィルさんに質問しまくる。

今日知ったこと

むっしゃ
むっしゃ

☆父親の宗教に子供も属する。
　ex. お母さん仏教 お父さんヒンドゥー
　　だったら子供はヒンドゥー。
☆カーストは昔ほどハッキリしてない。
　低い人の待遇が良くなってきてて、
　下のカーストの人は月に◯◯ルピー保証されてるのに1つ上のカースト
　の人は頑張らないと同額稼げない、ってことも多いらしく
　不公平になってきている。
☆一番上の方のカーストの人しか持てない名字がある。けど
　低い人が勝手にその名字に改名しちゃったりしてめちゃくちゃ
　になってきている。

↑隣のテーブルのおじさん、
手でむしゃむしゃ
カレー食っていた。
どんぶり2杯くらいの米＋チャパティ。
やばい。

もう明日の朝にダージリンを発つ。はやいな〜。
寒すぎだけど、静かで美しい街でした。派手さはない、けどキレイでゆったり
できる。夏とかいいかも。山は見えないかもしれないけど…。

172　2016 INDIA

1.5

朝だ!! 出発だ!! ねむい!!!

←昨日チベタンキャンプでもらった、謎の
お菓子を食べてみる。ヴィルさんは「美味しいよ!」
と言ってたけど…。

小快適 だったホテルを
チェックアウト。
ありがとう Central Heritage !!

…あ、おいしい!!!
きなこの味！あ、コレきなこだ!!
きなこは大好きなので、けっこう
美味しかった。
でも全部はいらんな…。

ヴィルさん、ドライバーさんと
合流し、バグドグラへ下山!!!

さよならDarjeeling!!

ダージリン出身のドライバーさんにお菓子の質問を
してみたら、「『チョウ』っていうチベットのお菓子だよ。
小麦粉、バター、砂糖、カシューナッツ、フルーツを入れて
作る、家庭で作るお菓子、ってかんじ。」だろう。

今日の朝ごはん

ホテルでおべんとう作ってもらった。…って量多いわ!!!!
りんご2コ、みかん2コ、バナナ2本、サンドイッチ2コ、
ライチジュース1本。

この1/3でいいな…。インド人って、なんでこんな大食いなんだ…。

実は朝から頭痛がしていた私。普段頭痛なんて全然ならないのに、
どうしたのか…高山病でもないだろうし。

結局、髪も洗って乾かさずに寝たからに今えただけ、ぽい。
昨日はそのまま寝たけど、一昨日はハロゲンヒーターでじりじり
乾かしてから寝たんだった。寒かったからな～。
あぁ…早くあったかいバグドグラに下りたい!!!

じりじり
じりじり
じりじり

前日

←ハロゲンヒーター (ドライヤーない)

2016 インド 173

平地におりて、川沿いの小さな茶屋で休憩。
← コンクリートの囲いに、竹とブルーシートで作った屋根。中に厨房をまるごと入れている。
こういう小さな茶屋はたくさんあるけど、みんな店主が自分で作ったようなガタガタ感。

ドライバーさん、ヴィルさんと4人でチャイ。モモとか色々あった。ラーメンとかも。

空港近くのローカル感漂う小さな街行。

← こんな感じの人が増えてくる。
人種がダージリンと全然ちがうなー。

牛もいる。
ヤギ、ぶた、サルもいる。

紅茶畑、軍のエリアを通ってバグドグラ空港に到着。

バグドグラは本来インド軍の軍用飛行場だったのを、半分民間の航空会社が使ってるような感じなので、写真撮影は基本的に禁止。
たまに

って物凄い音がして、滑走路を見るとすっごいカッコいいグレーの軍用機がとんでもない速さで離着陸していく。

╭─ インド男子のヒゲ ─╮

インドの男の人はだいたい無ヒゲかちょびヒゲ。
シーク教の人たちはアゴもモリモリヒゲ生やしてるけど、他のヒゲっ子はだいたいちょびヒゲ。これはマハラジャスタイル。
みんなマハラジャにあやかってちょびヒゲ。

ゲートが開くまでベンチに座ってひたすら待つ。テレビで南インド映画が流れていて…

↑ 女子大生 (ヒロイン)

→ 大学教師 (主演)

174 2016 INDIA

インド映画は、

(北インド) デリーで観た BAJIRAO MASTANI みたいな派手でキラッキラなミュージカルが主流。歌もダンスもたっぷり。

(南インド) なんかあんまり金かかってなさそうなアクション映画が主流。歌もダンスもない、BGMすらあまり入らない、ひたすらアクション。

最初はキモがられていた大学教師が不良学生にしょっちゅう襲われまくる女子大生とだんだんくっついていく話。
不良学生を撃退するのに先生はナイフを使ったりめちゃくちゃ殴ったり、もう半殺しにしちゃってて、なんで捕まらないんだこの人...と思う。
襲う→半殺しをくり返してるのを超低画質でずーっと観る。

さて搭乗!!! 映画もガイドブックも見飽きた！デリーに帰るぞ〜

←シートベルトがぶっ壊れちゃった人がいる。取れたベルトをCAに渡して、そのままその席で離陸。え...? どうなってんの？ いいの...???

機内食は予想通りカレー。野菜カレーと、クリーミーなチキンカレー。パクチーの入ったごはん、チャパティ。

デリーに着くと安心する。ダラムサラから戻った時もそうだったけど、あ〜都会に戻ってきた...ほっ...て感じ。

バグドグラの空港で3人でガイドブックを見てて、ヴィルさんが「アーユルヴェーダやらない？？」
1年に1度やるだけで体質が良くなるらしい。オススメのお店に連れてってもらうことにした。

←連れていってもらったのは "Amrita Ayurveda"
病院が経営しているお店で、ガイドブックに載ってるようなキレイでオシャレな高級サロンとは全然違う。簡素だけど使う素材や技術がしっかりしていて値段も安め。ヴィルさんも年に1度来るという。
全身のマッサージ、おでこに油を落とすあの有名なシローダラ、あと薬草の入った こういう布の包みでぽんぽんするやつ、あわせて40分くらい、5500ルピー。
「この人は上手いですよ!!」という女将さんが担当してくれる。よろしくお願いします...。

2016 インド 175

① 暗い独房みたいな部屋にビニールのベッドがあって、その前で脱衣。女将さんがガン見してる中すっぽんぽんに。

② うつぶせに寝ると、すぐにあたた〜〜い油がたらされる。横にコンロがあって、そこで熱した油をすくっている。花の油だよ、とのこと。確かにほんのり花の香り。
女将さんのため息、ゲップがちょくちょく聞こえる。

③ 油で手のひらをするんするん滑らせてマッサージしてくれる。グーーッと押すツボ押しのような動きではなく、肌の上で手を滑らせてゆっくり力を入れていくかんじ！手のひらもマッサージする。指も1本ずつパキぱき。

④ 女将さん、何かを取りに行くのか、ちょくちょく部屋から出ていく。中に全裸の私が寝てるのに、ドアをバーンと開けてすぐ閉めない。ゆっくり惰性で閉まるドア。その間、横たわる私の全裸が丸見えになっている。

⑤ 薬草の入った布の包みを油につけたやつを全身にぽんぽんしていく。すごい熱いけどほぐれる感じ。ポカポカして気持ちいい。

想像図

⑥ あおむけになって同じようにマッサージ。おぉ、恥ずかしい！！！
乳首も陰も丸見え。
なぜか体の前面は、薬草のぽんぽんがめっちゃ熱くてキツかった。
しかも最後にそれを肩の下に入れられて激あっっっっい！！！！肩コリほぐれそうだけどヤケドする！！「あついです…」と言っても、冷ますんじゃなくて位置をずらすだけだから結局熱い！！！

176 2016 INDIA

⑦ ラスト!! アーユルヴェーダといえばコレ、シーロダーラ。

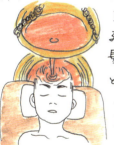

頭の上のタライみたいなのの穴から、あったかい油が
るるる〜〜 とおでこの中心にたれてくる。
髪の毛のスキマを通り、頭皮を流れていくとぞわぞわ〜。
とろる。あれコレ 気持ちいいかもしれない…。
体感したことのない、不思議な気持ち良さ。
頭皮がほぐれていく〜 ぞわぞわぞわ〜

⑧「はい、finish!!」40分のアーユルヴェーダ、終了。全身油でぬるんぬるん。
横にシャワー室があって、女将さんに支えられながら
移動。湯わかし器でお湯も出るしシャンプーも石けんもある
けどもう油がすごすぎてインドの雑なシャンプーと石けんじゃ
全然落ちない!!! 外で女将さんが待ってるのでとりあえず
最低限の油を落として終了。
タオルをもらって体をふいて服を着るのも、女将さんが真横
で見ている。

いろいろ気になる所が無い訳じゃなかったけど、全体的に言うと気持ち良かった!!
ぐっと押すようなマッサージと違う、優しいマッサージ。インドらしい花の香りと薬草、
そしてシーロダーラ。ダージリンの寒さで固まった体をほぐしてもらった感じ。頭痛
も消えた。リラックスしたような体力回復したようなフワフワした状態で終了。
　　　（体中が）　　　　　　　　　　おかみさん、ありがとうございました。

こないだと同じホテル、karat 87に再チェックイン。

前回メトロの乗り方を教えてくれたはずおじいさんが「また来たね!」
「今日は祭りだから」と、揚げ玉みたいな小粒の
お菓子を手に乗せてくれる。食べてみると、ドーナツだった。
つぶつぶタイプのドーナツ。
手がさらに油まみれ。ありがとう。

【よるごはん】

なぜか「部屋で食べなされ」と言われたので、フロントでオーダーして持ってきてもらう。

豆のカレー、ほうれんそうカレーに、パクチースープ ごはん、チャパティ。

カレーはどこで食ってもうまい。

細長い米のごはんも大好きだし、チャパティもそのままでも食えるくらい大好き!!

だけど、もう何度も言うけど、量多すぎ!!!!!

細長い米＋パクチー＝最高。

あ～油おちな～い!!!! 部屋で思う存分シャワー浴びたる!!と思ったら お湯が出ない。キー!!!! 炎炎

シャンプーも泡立たないし寒いし、とりあえず少し流しておわり。
ちくしょ～!!!!

← 寒いので体に当たらないように、シャワーに向かって おじぎした状態で水を頭にブチ当てるだけ。寒い…。

デリー最後の夜。ホテル近くのKarol Baghのバザールをうろうろ。

← インドワインの定番(たぶん)
「SULA」

← キングフィッシャーのビールも、種類いろいろ。
コレはダージリンには売ってなかった。
「ULTRA」

← "BAJIRAO MASTANI" の海賊版DVD。
映画館のセキュリティあんなに厳しいのにもう海賊版が売ってるって、どういうことなんだ…。

気になったけど満腹で…。
油ギトギトの甘くなさそうなフレンチトーストみたいのに、パクチーがはりついてる。

インド最後の夜。
Karol Bagh 堪能した!!
賑やかで楽しい所の宿で良かった―。
ビールで乾杯して就寝。
　　　おやすみなさい…。

178　2016 INDIA

1.6

す——っごい長い時間シャワーを出しっぱなしにしてると、ようやくお湯が出た。今夜はフライトでシャワー浴びられないので、昨日残ったままだった油をガッツリ落とす。
あ〜スッキリ！！！
しかしインドの水だと、日本のシャンプーや石けんでもあんまり泡立たない。そのくせ泡切れは悪い。

インド独立の父!!インド最後の偉人!!!雑に言うと、
非暴力!!不服従!! → をモットーにインドをイギリスから独立させた。

デリーの北東部あたり、ヤムナー川の近くにあるラージガート。
暗殺されたガンジーはこの土地で火葬された。

Mohandas Gandhi
マハトマ・ガンジー
1869 - 1948

2度もお世話になったホテルをチェックアウト。
最終日の一発目は、石ちゃんリクエストのマハトマ・ガンジーのお墓、
ラージガート へ!!!   ヒンドゥーでは5000年前から
 ↓   ↓   火葬なのでガンジーの骨がある所。
「勝利」「階段状の沐浴場」

ものすごーく広い敷地内の奥、
スコーンと抜けた気持ちのいい広場に
お墓がある。神聖な場所なので
クツは預ける。
屋外でくつ下で歩くの不思議…

↑
書いてあるのはヴィシュヌ神の化身の名前。
一番上で炎燃えてるのは、インド独立の時から絶やしていない火。白、紫、オレンジの花でキレイに飾りつけてある。
毎日交換しているのでキレイ!!!

騒がしいデリーとは思えない、
キレイで静かなラージガート。
インド人観光客もたくさん来ていて、
お墓をバックに自撮りしまくり。

2016 インド 179

さて、次に向かうのは私が激しくリクエストした、オールドデリーの北、亡命チベット人が集まるエリア。

←テンションの上がる入口!!

中はびっしり、迷路のような路地。建てものが入りくんで、間のせまい路地にもテントつきの露店があったり、ビニールシートで屋根をつけてアーケードのようにしたり、うす暗い。

奥には小さな広場があって、これまた小さなお寺がある。
インド顔の仏様が笑っている。
友人に頼まれた バターランプを納めるのをやりたかったけど、ランプ売り切れててダメでした。

手のない人が道に座ってたり、子供が勝手に踊って「お金くれ」とかインドっぽい風景が。

なんとココで!!
チベット医学の病院
メンツィーカン
Men-Tsee-Khang
に潜入!!

ダラムサラ、ダージリンで2連敗していたメンツィーカンでの診察、ついに実現!!
ヴィルさんが そのへんのチベット人に聞きまくってチベタンコロニー内のメンツィーカンを見つけてくれたのだ!!!

細ーい路地の小さな建物にひっそり看板が出ている。中に入ると待合室はものすごい数の人でごった返していた。驚いたのは、チベタンだけでなくインド人、ムスリムの人まで居た。チベット医学だからって、チベット人だけが扱う医学じゃないんだ。仏教由来の医学なのに、他の宗教の人まで居る、ってことは、西洋医学とは別の もう一つの医学として 根付いてる ってことなんですね。

ヴィルさんが 交渉してくれて、先に診察してくれることになった。
ああ みんなが順番待ってたのに、観光客だから、ですみません…。

180 2016 INDIA

世界一うろおぼえな「チベット医学」ってだいたいこんなんです、て説明コーナー
※専門家の方ほんとすいません。

←「四部医典」(しぶいでん)
17世紀に作られた、チベット医学の教科書。
現代のチベット医学もコレに基づいている。
中のページはタンカ(仏画)で構成されていて人間の体の構造、どうやって生まれるか、いろんな病気に見られる症状、病気に対する治療法、効果のある食べ物や薬、夢占いまで、タウンページみたいなぶ厚い本の中に描かれている。チベット医学を学ぶ学生はこれ一冊を全て暗記し、自分達で薬草を採って薬に精製する。

思い出し中
アーユルヴェーダと同じように、(ちがう？ちがうかな？)
チベット医学では人間の体質を3つに分類する。
何で分類するかってーと、体液で、らしい。
この体質によって、どういう風に
① ルン るん!!
② ティパ ていーぱ!!
③ ベーケン べーけん!!
病気が体内に入り、どこで溜まり、どういう場所でどういう時期に発症し、どう治療するか、どういう薬がいいとか対応する鉱物まで描かれている。
正直非現実的な部分もあるけど、全てが現代のチベット医学で活用されているわけではない、17世紀のアレですから…とのこと。

さて、診察!!!
診察室は2つある。我々が通されたのはDr. Lhakpa Dolma (ラクパ・ドルマ先生)の部屋。
←よくわからん…
←先生、なんだかすごく凛とした佇まいで目線がハッキリまっすぐしてて堂々としていて素敵!!やっぱり何か極めた人ってーか、厳しい修業をしてきた人は、内面から強さ、清らかさがにじみ出てる、ってかんじがする。オーラあるって言ったら安っぽいけど、入って目が合った瞬間にそう感じました。
せんせい
何？何なの？神の事務所の方？
←そのぐらいステキなんです。
イケメンとかそういうんじゃなく、あ、すごくイケメンだったんですけど、佇まいがさ!!

2016 インド 181

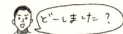

でかい紙袋に「Eiko」とペンで書かれてて、

夕食後30分以内に4錠 / 朝食後30分以内に3錠 / 昼食後30分以内に1錠

← 中身は茶色の丸い丸薬。大きさはいろいろ。コレをプチッと砕いてぬるま湯と一緒に飲む。

3種類のくっっっさい錠剤が出た。飲むタイミングによって袋の色がちがってて、ヒンディー語と英語で説明が書いてある。くっせええええ

診察と薬 あわせて 380ルピーでした。
100ルピー / 280ルピー

売店で買った「ANTI-WRINKLE CREAM」「Soothing Balm」

買ったはいいけどどういう時にどういう所にぬるのか分からん。どれもマニアックなハーブのようなニオイがする。

石ちゃんは頭痛を診てもらっていて、「ルン」のお茶を買ってけと言われていた。ヴィルさんは診察は受けてないけど、クリームとシャンプー購入。
「こんな所があるなんて知らなかった〜!!」
とのこと。
インドの人でも知らないのか…。

────────────

チベタンコロニーから出て、オールドデリーの街中に突入。

オールドデリーはニューデリーと全然違う。急に空気がすすけて砂っぽい。建物も今にも崩れそうなぐらい古くてボロッボロ。全てがすごい。人も街も。ダウンタウンな感じ。

↑
リクシャーが増えて、牛もたくさん。

こういう感じの人がむっちゃいる。

2016 インド 183

ミちゃんが欲しがっていた「ケロシンストーブ」をGET!!

↓　　　↳ 灯油を使ったコンロ。
ヒゴトク　灯油ファンヒーターを家で使ってて、コレもずっと
　　↳灯油のタンク　欲しがったらしい。

インドでもさすがに下火になってるらしくて（最近はぜんぶガスか電気）、オールドデリーの小さな商店街で発見。ドライバーさんが探し回って見つけてくれた。ありがとう!!!
お店のおじさん、ヴィルさん、ドライバーさん総出で使い方をレクチャー。「コレを買いたいって言ったお客さん初めて…」だそう。
そうでしょうねぇ。
さておひるゴハン。----------------------
ヴィルさんおすすめ、オールドデリーの超人気レストランに行ってみることに。

BENGALI PASTRY SHOP & SNACK BAR

全く観光客向けじゃない、超ローカルなレストラン。
中に入るとで───っかいショーケースに大量のクッキーとケーキが並んでいる。

ブルーベリー？

こわい。
アート？

← ケーキもやっぱりド派手。
ここのはクオリティ高そうだ。
そして1つ1つがでかい。

おひるゴハン

← パニール（カッテージチーズ）カレー、豆カレー、
バターの効いたナン。
うおおお!これ全部すごい美味しい!!カレーもナンも
おいしーー!!! ナンはおかわりして1人2枚食った。

← 紫タマネギを手でバリバリ食いながら
カレー食べるとまたうまい。
うーん、この店はうまいぞ。オススメなだけある!!

大人気店だけあって、店内は常に満席。
めっちゃ広いのに空席なし!! 待ってる人もいる。
フツーに入れてラッキーだったなーー。
　　　　　ごちそうさまでした!!

お店のおじさんも
にこにこ親切。

184　2016 INDIA

Chandni Chowk (チャンドニー・チョウク)

注意 チャンドニーチョウクは治安が悪い!!!
スリや かっぱらいが むっちゃいる。
荷物は体の前に。貴重品はカバンの奥に。
カメラも、写真撮る時は気をつけること。
撮ってる所をかすめ取られることもあるらしい。

さ、行くべし。

途中、ヴィルさんの尻ポケットに
タッチする手が!!!!
ヴィルさん「あぁ、この人はスリです」
そんな軽く!!
見た目若干人相の悪いお兄さんだった。

小さい商店がズラ〜〜〜
と並ぶ商店街。

ぼろぼろの電化製品とか
生活用品 (ほうき、ザル、
タッパーとか)、服、全部が
同じような店がまえ。

物乞い、子供のくつみがきもいる。インドの光と影の落差も大きい。日本もだけど…。

← シーク教のお寺。
入る前に手足を洗うので、洗面台と足を
洗う用のプールがある。
男性はターバンを巻き、女性もスカーフで
頭をかくして入る。
ジャイナ教のお寺もあった。
ジャイナ教は動物を大切にする宗教。
お寺にバードホスピタルもあるらしい。

車の外で、ピエロのメイクを
した子供がダンスを始める。
一通りおわると「金くれ!!!」
その他、勝手に窓をみがく
おじさんも。

上にでっかい神様を
乗せた派手な車が
すごい速さで過ぎ
去っていく。
「あ、あれ何!!?」
「あぁ、アレは神様の車」
神様の車…。

路上にフツーに布団敷いて寝てるおじさん。

2016 インド 185

露店が無秩序に並ぶデリーのバザール

夜中に道路の中央分離帯で子供がゲームをしている

ガンジーの墓、ラージガートは神聖な雰囲気

チャンドニーチョウク。ぼろぼろなリクシャーで渋滞

ラストごはん!!

ミックストゥクパ。
うーんおいしい!!ダシが
めっちゃ出てる。
激辛タレをつけるとまたうまい♡

↑タレ

ベジモモ。あつあつで肉汁すごい。
コレもタレをつけるとうまーい!!!!!
もうほんとチベタン飯はおいしい。
ほっとする優しい味で大好き。

さて、帰国。空港へ。あーもう
帰りたくない。しかも成田から
直で仕事行かなきゃだから、
ますます帰りたくない。

記念撮影。
お世話に
なりました!!!

ヴィルさんとココでお別れ。
「ラダック行きましょう!!調べとくから!!」
チベット好きでインドも2回来てるなら
とりあえず次はラダックが絶対おすすめ!!
すごい寺や壁画も多いし、伝統文化が
残っててチベットよりもチベットらしいよ。
連絡しますね!!」

到着がとんでもなく早かったのでしばし待合室でウダウダ。

しかしこういう宗教ありきな国を旅する場合、
ガイドの宗教が何かで内容とか充実度が大きく
変わってきそう。
チベット文化が好きで、チベットが強いエリアに
行くならホントはチベット仏教を信仰してる人に
ガイドしてもらった方がいいのかな。ヴィルさんは
ヒンドゥーだけど仏像の顔のこととかよく知ってたし、
メンツィカンとかケロシンストーブとか、マニアックなリクエストをしてもいろいろ
情報集収して連れてってくれたし、任務を遂行しようという意識の強い
ガイドさんだった。良い人でよかったなぁ。

← 突然現れた、水色のターバン&迷彩服の集団。
何なの？シーク教の軍隊？
この人たち10人くらいが空港のクリスマスの飾り
の前に集まってて超シュール。

まだクリスマス
やってる

2016 インド 187

01:25 Delhi出発!!

さよならありがとうINDIA!!!

くそー明日仕事だし!!ちくしょう!!!
遠ざかるデリーの夜景...街灯の明かりもすごい。
そこには人がいて、営みがある....明日仕事...。
← 30分くらいで爆睡。明アレだし...。

もらったスナックも飲み物も機内食もぶっとばして
ひたすらねんね。
尾てい骨が痛くてちょくちょく起きては寝て、をくりかえして
バッチリ起きた頃にはすでに大陸を脱出して日本海上空。
CAさんがすっ飛んできてコーヒーをもらう。
うーん素晴らしい。こんないいサービスすいません...
大ざっぱなものばっか乗ってたので感動。

2ヶ月前に来たばっかりのインド。
休みが取れる!!ビザもある!!!ってもう勢いで来てしまった。
こんな勢いで旅に行を決めて行くのって初めてだ。しかもカウントダウンパーティー明け
の元日に。1月1日に。
インドはあいかわらずきたなくて美しくて、ゴチャゴチャだった。インド好きな人は、
みんなこういう所に惹かれるんだろう。
どんな状況の人も、なんだか浮わついてないというか、根を張っている感じ。
多すぎる人間、牛、犬、車、全部がクラクションを鳴らしながら、砂ぼこりを
たてながら渦巻いている!! 神様も生き物もいっしょくただ。
愛するチベット文化を経由して、中国、インド、ネパール、いろんな国の姿を
見ることができた。
どの国も強烈で刺激的で、その中にあるチベットは本当に強く美しかった。
ダージリン、良かったなぁ。
メンツィカンやお寺のランチ、貴重な体験だった。また1つ、私の中に
チベットの記憶が増えました。
次はどこに行こうかな。

188 2016 INDIA

ダージリンの街とカンチェンジュンガ。ダージリン駅からの景色

あとがき

初めてのチベット旅行。
西寧への飛行機を待つ北京空港のカフェで、暇潰しに描き始めたメモが絵日記の始まりでした。旅を終えて日常生活に戻ったら忘れてしまうような小さな出来事を、ちょっと描いとくか、くらい。あとで人に見せようなんて気はまったくなく、何も考えずになんとなく描いた空港の風景。あのまま描き続けて、チベットが大好きになって、面白がってくれる人がいて、こうして本にまでなるなんて、あの頃の自分を思い出してみると、とても不思議な気分です。

内容に加えてデザインもイラストも全て、見せたいものをそのまま全部丸出しにしていざ全体像を見てみると、実に散らかった本になっていて、とても満足しています。大好きなチベットでの記録が、こうして形になったことがとてもうれしいです。
出版にあたり、好き勝手させてくださった池田雪さんをはじめ書肆侃侃房の皆様、旅を彩ってくれた全ての方々に感謝致します。

2017年9月、3度目のインド行きの荷造りが進まない部屋にて

安樂瑛子

プロフィール

安樂 瑛子（あんらく・えいこ）

1987年、逗子生まれ東京育ち。
幼いころから絵と異国が好きで、美術学校で学びつつ、
いつしかチベット美術に傾倒する。
以降、チベットの自然や仏教をモチーフにした作品を制作している。
部屋にこもって何時間も絵を描いた後のビールが大好き。
Instagram「eiko_anraku_painter」

絵・イラスト・写真　安樂瑛子
取材協力　鄢 朝明／Y P Gupta／Suresh Bajracharya／ギャムゾ
ブックデザイン　安樂瑛子
DTP　黒木留実（書肆侃侃房）
編集　池田雪（書肆侃侃房）

※本書の情報は、2017年10月現在のものです。また、絵日記の内容は旅行当時のものです。
　掲載後に内容が変更になる場合があります。

KanKanTrip19
汗と涙と煩悩のチベット・ネパール・インド絵日記

2017年12月4日　第1版第1刷発行

著　者　安樂瑛子
発行者　田島安江
発行所　株式会社 書肆侃侃房（しょしかんかんぼう）
　　　〒810-0041 福岡市中央区大名2-8-18-501
　　　TEL 092-735-2802　FAX 092-735-2792
　　　http://www.kankanbou.com　info@kankanbou.com

印刷・製本　大同印刷株式会社

©Eiko Anraku 2017 Printed in Japan
ISBN978-4-86385-288-4 C0026

落丁・乱丁本は送料小社負担にてお取り替え致します。
本書の一部または全部の複写（コピー）・複製・転訳載および磁気などの記録媒体への
入力などは、著作権法上での例外を除き、禁じます。